MARCO POLO

SPRACHFÜHRER SPANISCH

NIE MEHR SPRACHLOS!

Einfach kurz nach dem Weg fragen? Einen netten Plausch mit Einheimischen führen? Die exotische Speisekarte im Restaurant verstehen? Auch in Notfällen blitzschnell reagieren können? In all diesen Situationen ist der MARCO POLO Sprachführer der beste Begleiter für Ihren Urlaub.

Nach Reisethemen geordnet, gibt der Sprachführer schnelle Orientierung und sorgt dafür, dass Sie in jeder Situation die richtigen Worte parat haben und mitreden können.

Für das ganz leichte Gepäck ist der heraustrennbare Spickzettel mit den allerwichtigsten Wendungen perfekt. Und sollten Sie doch mal sprachlos sein: Da helfen die praktischen Zeigebilder ganz unkompliziert weiter.

Viel Spaß auf Ihrer Reise!

www.marcopolo.de/spanisch

SPANISCH

j

naranja (Orange)

immer wie deutsches „ch“ bei „Bach“

> EINFACHE AUSSPRACHE

Keine Scheu, einfach loslegen!
Die korrekte Aussprache lernen Sie schnell.
Zu Beginn des Sprachführers erläutern wir Ihnen kurz und knackig, was Sie beachten sollten. Erfolg ist damit garantiert!

> ZEIGEBILDER

Bilder machen die Verständigung noch leichter. Ob beim Shoppen, im Restaurant, im Hotel oder bei Fragen zum Auto: Unsere Zeigebilder helfen in jedem Fall schnell weiter.

> SCHNELL NACHGESCHLAGEN

VON A BIS Z
Die wichtigsten Themen alphabetisch sortiert: vom Arztbesuch bis zum Telefongespräch.

WÖRTERBUCH
Hier finden Sie die 1333 wichtigsten Begriffe. Einfach praktisch!

DAS WICHTIGSTE AUF EINEN BLICK .... **UMSCHLAG**
SPICKZETTEL | ZAHLEN, MASSE, GEWICHTE | ZEITANGABEN | RICHTUNGSANGABEN

FARBEN, MUSTER, MATERIALIEN **4**
AUSSPRACHE **5**

REISEPLANUNG **6**
BUCHUNG PER E-MAIL 6 FRAGEN ZUR UNTERKUNFT 8

IM GESPRÄCH **10**
IM GESPRÄCH 10 ZEIT 16 WETTER 19

UNTERWEGS **20**
WO GEHT'S LANG? 20 AN DER GRENZE 22 ... MIT DEM AUTO/MOTORRAD/FAHRRAD 23 ... MIT DEM FLUGZEUG 29 ... MIT DEM ZUG 31 ... MIT DEM SCHIFF 33 NAHVERKEHR 34 MITFAHREN 35

ESSEN UND TRINKEN **36**
ESSEN GEHEN 36 SPEISEKARTE 46 GETRÄNKEKARTE 52

EINKAUFEN **54**

ÜBERNACHTEN **68**
AUSKUNFT 68 ... IM HOTEL 69 ... IM FERIENHAUS 74 ... AUF DEM CAMPINGPLATZ 76 ... IN DER JUGENDHERBERGE 77

INHALT

> SPEISEKARTE

Mit Spaß bestellen und mit Genuss essen – denn für Sie ist die Speisekarte in Landessprache ab jetzt kein Buch mit sieben Siegeln mehr.

> VOLLES PROGRAMM

Kultur oder Action, Sprach- oder Kochkurs, Tauchen oder Theaterabend: Formulierungen, die dafür sorgen, dass Ihr Urlaub noch spannender wird.

> WIE DIE EINHEIMISCHEN

Insider Tipps Damit Sie als echter Insider gelten, nicht als Tourist.

BLOSS NICHT!
Hilft, Fettnäpfchen zu vermeiden.

ACHTUNG! SLANG
Einheimische noch besser verstehen!

VOLLES PROGRAMM 78
AUSKUNFT 78 SEHENSWÜRDIGKEITEN/MUSEEN 79 AUSFLÜGE 81
AM ABEND 82 STRAND UND SPORT 84 KURSE 89

ACHTUNG! SLANG 90
ALLTAG 92 ESSEN 95 AUSGEHEN 95 MANN UND FRAU 97 SCHIMPFEN, LÄSTERN, FLUCHEN 98 UNAPPETITLICHES 100 GELD 100 ARBEIT 101
WETTER 102

IMPRESSUM 103

VON A BIS Z 104
ARZT 104 BANK/GELDWECHSEL 111 FARBEN 113 FOTOGRAFIEREN 113
FUNDBÜRO 114 HANDY, TELEFON & CO. 114 MIT KINDERN UNTERWEGS 116
POLIZEI 116 POST 118 TOILETTE UND BAD 119

WÖRTERBUCH 120

BLOSS NICHT! 136

DAS WICHTIGSTE AUF EINEN BLICK .... UMSCHLAG
WIE BITTE? | DIE WICHTIGSTEN FRAGEN

WORTLOS GLÜCKLICH: ZEIGEBILDER

Farben, Muster, Materialien helfen Ihnen beim Einkaufen. Weitere Helfer für (fast) jede Gelegenheit finden Sie in diesem Sprachführer.

> www.marcopolo.de/spanisch

AUSSPRACHE

- Alle Vokale sind offen und halblang und müssen deutlich ausgesprochen werden.
- a, e und o bilden zusammen mit **i, y** oder **u** einen Doppellaut: f**ue**go Feuer; h**oy** heute.

b, p	weicher als im Deutschen	bien; pie
b, v	beide werden identisch ausgesprochen; weich, zwischen den Lippen	buen vino nuevo
c	wie deutsches „k" (ohne Hauch): vor „a, o, u";	creo; casa, cura
	vor Konsonanten stimmloser Lispellaut (stärker als englisch „th"): vor „e, i"	cenicero, gracias
ch	stimmloses deutsches „dsch"	muchacho
d, t	viel weicher als im Deutschen	día; toro
g	wie deutsches „g": vor „a, o, u"; vor Konsonanten wie deutsches „ch" bei „Bach": vor „e, i"	guardia, gorra, gitano, gente
gue, gui	das „u" ist immer stumm; wie deutsches „g"	seguir, guitarra
h	immer stumm	hora
j	immer wie deutsches „ch" bei „Bach"	jardín, naranja
ll, y	wie hartes deutsches „j" zwischen Vokalen	yo llevo, guerrilla
ñ	wie „gn" bei „Champagner"	niño
que, qui	das „u" ist immer stumm; wie deutsches „k"	porque, quiero
rr	stark gerolltes Zungen-R	perro
r	stark gerolltes Zungen-R: am Anfang und am Ende eines Wortes	rosa dolor
	auch wie „rr" vor oder nach Konsonanten	muerte, madre
r	leichtes Zungen-R: zwischen zwei Vokalen eines Wortes	caro pera
s	immer stimmlos, wie deutsches „ss"	casa; sala
z	stimmloser Lispellaut, stärker als engl. „th"	Zaragoza, jerez

Betonung und Akzent

- Bei Wörtern, die auf *Vokal,* auf *„n"* oder auf *„s"* enden, wird die **vorletzte Silbe** betont: mẹsa, Cạrmen. Eine andere Betonung bedarf des grafischen Akzents: café, después.
- Bei Wörtern, die auf *Konsonant* (außer „n, s") enden, wird die **letzte Silbe** betont: cantạr, doctọr. Andere Betonungen bekommen einen grafischen Akzent.
- Auf der **drittletzten Silbe** betonte Wörter haben immer grafischen Akzent: música, médico, artístico.
- **Einige einsilbige Wörter** haben – zur Unterscheidung von anderen mit der gleichen Schreibweise – immer Akzent: mí; tú; él; sí; sé; más.
- **í** bzw. **ú** bei Trennung des Doppellauts: día, púa, país.

Männlich oder weiblich?

Substantive mit der Endung **-o** sind männlich, mit der Endung **-a** weiblich. Nur bei Abweichungen (**cura** m Priester) und bei anderen Endungen wird das Geschlecht angegeben.

Abkürzungen finden Sie auf Seite 120.

> EXTRABETT IN STRANDNÄHE

Ob Sie ein Traumhotel am Meer suchen oder ein Zusatzbett im Zimmer brauchen: Formulieren Sie Ihre Urlaubswünsche per E-Mail oder am Telefon – und gehen Sie ganz entspannt auf Reisen.

BUCHUNG PER E-MAIL

HOTEL | HOTEL

Sehr geehrte Damen und Herren,
am 24. und 25. Juni benötige ich für zwei Nächte ein Einzel-/Doppel-/Zweibettzimmer. Bitte teilen Sie mir mit, ob Sie ein Zimmer frei haben und was es pro Nacht (einschließlich Abendessen) kostet.
Mit freundlichen Grüßen

REISE PLANUNG

Apreciados señores:
Quisiera reservar una habitación sencilla/doble/con dos camas para las noches del 24 y 25 de junio. Hagan el favor de comunicarme si tienen habitaciones libres para esas fechas y el precio por noche (más cena).
Atentamente,

MIETWAGEN | COCHE DE ALQUILER

Sehr geehrte Damen und Herren,
für den Zeitraum vom 20. bis 25. Juli möchte ich von Barajas (Madrid) einen Kleinwagen/

Mittelklassewagen/eine 7-sitzige Großraumlimousine mieten. Ich fliege von Barcelona ab und möchte deshalb dort den Leihwagen abgeben. Bitte teilen Sie mir Ihre Tarife mit und welche Unterlagen ich benötige.
Mit freundlichen Grüßen

Apreciados señores:
Quisiera alquilar un coche pequeño/de tamaño medio/de siete plazas del 20 al 25 de julio en el aeropuerto de Barajas (Madrid) y devolverlo en Barcelona, ya que el vuelo de regreso lo hago desde allí. Les estaría agradecido si me informaran de las tarifas y de los documentos que es necesario presentar.
Atentamente,

FRAGEN ZUR UNTERKUNFT

Ich suche ein schönes Hotel/ Bed and Breakfast in der Altstadt (mit besonders guter Küche).	Estoy buscando un hotel bonito/un alojamiento con desayuno en el casco antiguo/viejo (que tenga una buena cocina).
Ist es ...	¿Está…
zentral gelegen?	cerca del centro?
ruhig gelegen?	en un sitio tranquilo?
in Strandnähe gelegen?	cerca de la playa?
Wie viel kostet das pro Woche?	¿Cuánto cuesta a la semana?

Hotel	hotel
Pension	pensión
Zimmer	hostal
Ferienwohnung	apartamento

HOTEL/PENSION/ZIMMER | HOTEL/PENSIÓN/HOSTAL

Übernachtung: Seite 68 ff.

Ich suche ein Hotel, jedoch nicht zu teuer – etwas in der mittleren Preislage.	Busco un hotel, pero que no sea muy caro, de tipo medio.
Ich suche ein Hotel mit ...	Busco un hotel con…
Wellnessbereich.	zona de wellness/de spa.
Swimmingpool.	piscina.

Ich suche ein familienfreundliches/behindertengerechtes Hotel	Busco un hotel adaptado para familias/ para personas con discapacidad.
Können Sie mir ein ruhiges Zimmer/Zimmer mit Aussicht/Zimmer mit Balkon geben?	¿Podría darnos una habitación tranquila/una habita ción con vistas/una habitación con balcón?
Ist es möglich, ein weiteres Bett in diesem Zimmer aufzustellen?	¿Se puede poner otra cama en la habitación?

FERIENHÄUSER/FERIENWOHNUNGEN | CASAS/APARTAMENTOS

Übernachtung: Seite 74 f.

Ich suche eine Ferienwohnung oder ein Ferienhaus.	Busco un apartamento o una casa para vacaciones.
Gibt es ...?	¿Tiene...?
ein Kinderbett	una cama para niño
einen Kinderstuhl	una trona
eine Küche	una cocina
einen Kühlschrank	un frigorífico/una nevera
eine Waschmaschine	lavadora
einen Fernseher	televisor
ein Kinderbett	una cama para niños
WLAN	(conexión) wifi
Sind die Stromkosten im Preis enthalten?	¿Va la luz incluida en el precio?
Werden Bettwäsche und Handtücher gestellt?	¿Hay ropa de cama y toallas?
Wie viel muss ich anzahlen und wann ist die Anzahlung fällig?	¿Qué paga y señal hay que hacer y cuándo?
Wo und wann kann ich die Schlüssel abholen?	¿Dónde y cuándo puedo recoger la llave?

CAMPING | CAMPING

Ich suche einen schönen Campingplatz (am Wasser).	Busco un camping bonito (en la orilla).
Können Sie mir etwas empfehlen?	¿Cuál me recomendaría?

> MEHR ERLEBEN

Nur keine Scheu! Der Smalltalk im Café, die Plauderei beim Einkauf, der Flirt beim Clubben – reden Sie drauflos, es ist einfacher, als Sie denken! Und macht die Reise erst so richtig spannend.

BEGRÜSSUNG | SALUDO

Guten Morgen!	¡Buenos días!
Guten Tag!	¡Buenos días!/¡Buenas tardes!
Guten Abend!	¡Buenas tardes!/¡Buenas noches!
Hallo!/Grüß dich!	¡Hola!/¿Qué tal?
Wie geht es Ihnen?	¿Qué tal está usted?
Wie geht's?	¿Qué tal?
Danke. Und Ihnen/dir?	Bien, gracias. ¿Y usted/tú?

IM GESPRÄCH

MEIN NAME IST ... | ME LLAMO ...

Wie ist Ihr Name, bitte?	¿Cómo se llama usted, por favor?
Wie heißt du?	¿Cómo te llamas?
Darf ich bekannt machen?	Le/Te presento…
Das ist ...	
Frau X./Herr X.	a la señora X./al señor X.
mein Partner./ meine Partnerin.	mi pareja.
Es freut mich, Sie kennenzulernen.	Mucho gusto en conocerle.

AUF WIEDERSEHEN! | ¡HASTA LA VISTA!/¡ADIÓS!

Tschüss!	¡Adiós!/¡Hasta luego!
Bis später!	¡Hasta luego!
Bis morgen!/Gute Nacht!	¡Hasta mañana!/¡Buenas noches!
Bis bald!	¡Hasta pronto!
Gute Reise!	¡Buen viaje!
Es war schön, Sie/dich kennenzulernen.	Me alegro mucho de haberle/haberte conocido.

BITTE | POR FAVOR

Darf ich Sie um einen Gefallen bitten?	¿Puedo pedirle un favor?
Können Sie mir bitte helfen?	¿Puede usted ayudarme, por favor?
Gestatten Sie?	¿Permite?
Bitte sehr.	De nada.
Gern geschehen!	No hay de qué.
Mit Vergnügen!	Con (mucho) gusto.

DANKE! | ¡GRACIAS!

Vielen Dank!	¡Muchas gracias!
Danke, sehr gern!	¡Gracias, con mucho gusto!
Nein, danke!	No, muchas gracias.
Danke, gleichfalls!	Gracias, igualmente.
Das ist nett, danke.	Gracias, es muy amable de su/tu parte.

ENTSCHULDIGUNG! | ¡PERDÓN!

Tut mir leid (, dass ich zu spät komme)!	¡Lo siento mucho! (¡Siento mucho llegar tarde!)
Schade!	¡Qué pena!

ALLES GUTE! | ¡QUE LE/TE VAYA BIEN!

Herzlichen Glückwunsch!	¡Mi más cordial felicitación!/¡Enhorabuena!
Alles Gute zum Geburtstag/Namenstag!	¡Muchas felicidades en el día de su/tu cumpleaños/santo!
Viel Erfolg!/Viel Glück!	¡Mucho éxito!/¡Mucha suerte!

KOMPLIMENTE | CUMPLIDOS

Wie schön!	¡Qué bien!
Das ist wunderbar!	¡Esto es fantástico!
Es ist wirklich traumhaft hier!	¡Este lugar es maravilloso!
Sie sprechen sehr gut Spanisch/Deutsch.	Habla muy bien el español/alemán.
Sie sehen gut aus!	Está usted muy guapo/guapa.
Ich finde Sie sehr sympathisch/nett.	Lo/La encuentro muy simpático/simpática/amable.

angenehm	agradable
ausgezeichnet	excelente
beeindruckend	impresionante
freundlich	amable
herrlich	fantástico
hübsch	(für Personen) guapo; (für Gegenstände) bonito
lecker	bueno, rico
schön	bonito

WIE DIE EINHEIMISCHEN

Insider Tipps

Begrüßung

Bei der Begrüßung geht es in Spanien recht leger zu. Natürlich drückt man sich mit *Buenos días* bis etwa 14 Uhr, mit *Buenas tardes* bis etwa 21 Uhr und *Buenas noches* am späten Abend richtig aus, doch weit häufiger werden *¡Hola!* „Hallo!" oder *¿Qué tal?/¿Qué hay?* „Wie geht's?" verwendet.

Verabschiedung

So locker die Verabschiedung, so unverbindlich ist sie auch meistens. Das umgangssprachliche *Nos llamamos.* – „Wir telefonieren." ist ohne jede Verpflichtung, den Anruf auch wirklich auszuführen. *Nos vemos.* – „Auf Wiedersehen." ist als Abschiedsformel ebenso gängig wie unverbindlich. Am gebräuchlichsten ist wohl *Hasta luego.* – „Bis später.", selbst wenn es in Kürze gar kein Wiedersehen geben wird.

Anrede

Zur höflichen und formellen Anrede verwendet man das Sie *(usted)* sowie *señor* bzw. *señora: Buenos días, señor López, ¿cómo se encuentra usted?* Mit dieser Anrede liegt man auch richtig, wenn man eine ältere, unbekannte Person z. B. um Auskunft bittet: *Perdone señora/señor, ¿dónde se encuentra el hotel ...?*

SMALLTALK | CHARLA INFORMAL

ZUR PERSON SOBRE SU PERSONA

Wie alt sind Sie/bist du?	¿Qué edad tiene usted/tienes?
Ich bin 24.	Tengo 24 años.
Was machen Sie/ machst du beruflich?	¿Qué profesión tiene usted/tienes?
Ich bin ...	Soy…
Ich arbeite bei ...	Trabajo en…
Ich gehe noch zur Schule.	Todavía voy al colegio.
Ich bin Student/in.	Soy estudiante.

HERKUNFT UND AUFENTHALT LUGAR DE ORIGEN Y DOMICILIO

Woher kommen Sie/ kommst du?	¿De dónde es usted/eres?
Ich komme aus Stuttgart.	Soy de Stuttgart.
Ich komme aus Deutschland.	Vengo de Alemania.
Ich bin seit ... hier.	Estoy aquí desde…
Wie lange bleiben Sie/ bleibst du?	¿Cuánto tiempo se queda/te quedas?
Wie finden Sie es?	¿Qué le parece?
Wie ist Ihre/deine E-Mail-Adresse/Handynummer?	¿Me da/das tu dirección electrónica/de e-mail/ número de móvil?

FREIZEIT TIEMPO LIBRE

Was machen Sie/machst du in der Freizeit?	¿Qué hace usted/haces en tu tiempo libre?
Wofür interessieren Sie sich so?	Y sus intereses, ¿cuáles son?
Ich interessiere mich für ...	Me interesa…
Kunst/Kultur/Architektur/ Design/Fashion	el arte/cultura/arquitectura/diseño/moda
Sind Sie/bist du auf Facebook?	¿Tiene/tienes cuenta en facebook?
Haben Sie/hast du WhatsApp?	¿Tiene usted/tienes WhatsApp?

Computerspiele	los juegos de ordenador
fotografieren	fotografiar
Freunde treffen	salir con los amigos
Karten-/Brettspiele	los juegos de naipes/de mesa
Kino/Filme	el cine/las películas
kochen	cocinar
lesen	leer
malen/zeichnen	pintar/dibujar
Musik hören	escuchar música

Musik machen	hacer música
reisen	viajar
Sprachen lernen	aprender idiomas

SPORT DEPORTE

Volles Programm: Seite 84 ff.

Welchen Sport treiben Sie?	¿Qué deporte practica usted?
Ich spiele ...	Juego a…
Fußball/Tennis/Volleyball/ Handball/Tischtennis	fútbol/tenis/voleibol/balonmano/tenis de mesa
Ich gehe regelmäßig ins Fitnesscenter/Yoga.	Voy a menudo al gimnasio (Am fitness)/a practicar yoga.
Ich jogge./Ich schwimme./ Ich fahre Rad.	Corro./Nado./Voy en bicicleta.

VERABREDUNG/FLIRT | CITA/LIGUE

Haben Sie/Hast du für morgen Abend schon etwas vor?	¿Tiene usted/Tienes algún plan para mañana por la noche?
Treffen wir uns heute Abend?	¿Quedamos esta tarde/noche?
Wann treffen wir uns?	¿A qué hora nos encontramos?
Treffen wir uns um (20.00) Uhr vor .../ im ...	Quedamos a las (8 de la tarde) delante de.../en el...
Hast du einen Freund/eine Freundin?	¿Tienes novio/novia?
Bist du verheiratet?	¿Estás casado/a?
Ich habe mich den ganzen Tag auf Sie/dich gefreut.	Le/Te he esperado con impaciencia todo el día.
Du hast wunderschöne Augen.	Tienes unos ojos bellísimos.
Ich finde dich ganz toll!	¡Eres genial!
Ich liebe dich!	¡Te quiero!
Ich möchte mit dir schlafen.	Quiero pasar la noche contigo.
Aber nur mit Kondom.	Pero solo con condón.
Hast du Kondome?	¿Tienes condones?
Wo kann ich welche kaufen?	¿Dónde se compran?
Es tut mir leid, aber ich bin nicht in dich verliebt.	Lo siento, pero yo no estoy enamorado/ enamorada de ti.
Ich habe keine Lust dazu.	No tengo ganas.
Ich will nicht.	No quiero.
Bitte geh jetzt!	¡Por favor, vete ahora!
Hör sofort auf!	¡Basta ya!

Hau ab!	¡Lárgate!
Lassen Sie mich bitte in Ruhe!	¡Por favor, déjeme en paz!

ZEIT

UHRZEIT | LA HORA

WIE VIEL UHR IST ES? ¿QUÉ HORA ES?

> Zeitangaben: Umschlagklappe vorne

UM WIE VIEL UHR?/WANN? ¿A QUÉ HORA?/¿CUÁNDO?

Um 1 Uhr.	A la una.
In einer Stunde.	Dentro de una hora.
Zwischen 3 und 4.	Entre las tres y las cuatro.

WIE LANGE? ¿CUÁNTO TIEMPO?

Zwei Stunden (lang).	(Durante) dos horas.
Von 10 bis 11.	Desde las diez hasta las once.
Bis 5 Uhr.	Hasta las cinco.

SEIT WANN? ¿DESDE CUÁNDO?

Seit 8 Uhr morgens.	Desde las ocho de la mañana.
Seit einer halben Stunde.	Desde hace media hora.

SONSTIGE ZEITANGABEN | OTRAS INDICACIONES DE TIEMPO

morgens	por la mañana
vormittags	por la mañana
mittags	a mediodía
nachmittags	por la tarde
abends	por la tarde
nachts	por la noche

vorgestern	anteayer
gestern	ayer
vor zehn Minuten	hace diez minutos
heute	hoy
jetzt	ahora
gegen Mittag	hacia mediodía
morgen	mañana

übermorgen	pasado mañana
diese Woche	esta semana
am Wochenende	el fin de semana
am Sonntag	el domingo
innerhalb einer Woche	en una semana
bald	pronto
in 14 Tagen	dentro de quince días
nächstes Jahr	el año que viene
manchmal	a veces, algunas veces
alle halbe Stunde	cada media hora
stündlich	cada hora
täglich	a diario, todos los días
alle zwei Tage	cada dos días

DATUM | FECHA

Den Wievielten haben wir heute?	¿Qué día es hoy?/¿A cuánto estamos?
Heute ist der 1. Mai.	Hoy es el primero/el uno de mayo.

WOCHENTAGE | LOS DÍAS DE LA SEMANA

Montag	el lunes
Dienstag	el martes
Mittwoch	el miércoles
Donnerstag	el jueves
Freitag	el viernes
Samstag	sábado
Sonntag	domingo

MONATE | LOS MESES

Januar	enero
Februar	febrero
März	marzo
April	abril
Mai	mayo
Juni	junio
Juli	julio

August	agosto
September	septiembre
Oktober	octubre
November	noviembre
Dezember	diciembre

JAHRESZEITEN | LAS ESTACIONES DEL A—O

Frühling	primavera
Sommer	verano
Herbst	otoño
Winter	invierno

FEIERTAGE | LOS DÍAS DE FIESTA/FESTIVOS

Neujahr	año nuevo
Dreikönigstag	el Día del Reyes
Aschermittwoch	el Miércoles de Ceniza
19. März (Hl. Josef)	San José
Gründonnerstag	el Jueves Santo
Karfreitag	el Viernes Santo
Ostern	Pascua (de Resurrección)
Ostermontag	el Lunes de Pascua
1. Mai	el Día del Trabajo
Christi Himmelfahrt	La Ascensión
Pfingsten	Pentecostés
Fronleichnam	el Corpus (Christi)
24. Juni (Johannisfest)	San Juan
Maria Himmelfahrt	La Asunción
12. Oktober	el Día de la Hispanidad
Allerheiligen (1. 11.)	Todos los Santos
Allerseelen (2. 11.)	el Día de los Difuntos
6. Dezember (Tag der Verfassung)	el Día de la Constitución
8. Dezember	la Inmaculada (Am el Día de la Virgen)
Heiliger Abend	Nochebuena
Weihnachten	la Navidad
Silvester	Nochevieja

WETTER

Wie wird das Wetter heute?	¿Qué tiempo tendremos hoy?
Es bleibt schön/schlecht.	Seguirá el buen/mal tiempo.
Es wird wärmer/kälter.	Va a hacer más calor/más frío.
Es soll regnen/schneien.	Va a llover/nevar.
Es ist kalt/heiß/schwül.	Estamos a frío/calor/bochorno.
Wie viel Grad haben wir heute?	¿Qué temperatura hace hoy?
Es hat 20 Grad.	Hace veinte grados.

bewölkt	nublado
Blitz	rayo
Donner	trueno
Ebbe	marea baja
Flut	marea alta
Frost	helada
Gewitter	tormenta
heiß	cálido, caluroso
Hitze	el calor
kalt	frío
Klima	el clima
Luft	el aire
nass	húmedo
Nebel	niebla
Regen	lluvia
regnerisch	lluvioso
Schnee	la nieve
schwül	bochornoso
Sonne	el sol
sonnig	soleado
Temperatur	temperatura
Trockenheit	sequía
Überschwemmung	la inundación
warm	caliente, cálido
wechselhaft	inestable
Wind	viento
Wolke	la nube

> WO GEHT ES NACH ...?

Wenn Sie sich verirrt oder verfahren haben oder einfach nicht mehr weiterwissen: Fragen Sie! Dieses Kapitel hilft Ihnen dabei.

WO GEHT'S LANG?

Bitte, wo ist ...?	Perdón, ¿dónde está…?
Können Sie mir sagen, wie ich nach ... komme?	¿Podría decirme cómo se va a…?
Welches ist der kürzeste Weg nach/zu ...?	¿Cuál es el camino más corto para ir a…?
Wie weit ist das?	¿A qué distancia está?
Gehen Sie geradeaus.	Todo seguido (Am derecho).
Gehen Sie nach links/nach rechts.	Tuerza (Am Doble) a la izquierda/derecha.

UNTER WEGS

Erste/Zweite Straße links/ rechts.	La primera/segunda calle a la izquierda/ a la derecha.
Überqueren Sie ...	Atraviese…
die Brücke.	el puente.
den Platz.	la plaza.
die Straße.	la calle.
Dann fragen Sie noch einmal.	Luego pregunte usted otra vez.
Sie können ... nehmen.	Puede usted tomar…
den Bus	el autobús.
die Straßenbahn	el tranvía.
die U-Bahn	el metro (Am el subterráneo).

AN DER GRENZE

ZOLL/PASSKONTROLLE | ADUANAS/CONTROL DE PASAPORTES

IHREN PASS, BITTE! SU PASAPORTE, POR FAVOR.

Ihr Pass ist abgelaufen.	Su pasaporte está caducado.
Haben Sie ein Visum?	¿Tiene usted un visado (Am una visa)?
Kann ich das Visum hier bekommen?	¿Puedo conseguir un visado (Am una visa) aquí mismo?

HABEN SIE ETWAS ZU VERZOLLEN? ¿TIENE USTED ALGO QUE DECLARAR?

Fahren Sie bitte rechts heran.	Aparque aquí a la derecha, por favor.
Öffnen Sie bitte …	¿Quiere abrir…, por favor?
den Kofferraum.	el portaequipajes (Am el baúl)
diesen Koffer.	esta maleta (Am valija)
Muss ich das verzollen?	¿Hay que pagar derechos de aduana por esto?

Ausfuhr	la exportación
ausreisen	salir (de un país)
Einfuhr	la importación
einreisen	entrar (en el país)
Familienname	el apellido
Familienstand	estado civil
ledig	soltero
verheiratet	casado
Führerschein	permiso/el carné de conducir
Geburtsdatum	fecha de nacimiento
Geburtsname	el nombre de soltera
Geburtsort	el lugar de nacimiento
gültig	válido
Personalausweis	el carné/documento de identidad (Am cédula personal)
Reisepass	el pasaporte
Staatsangehörigkeit	la nacionalidad
Visum	visado (Am visa)
Vorname	el nombre (de pila)
Wohnort	domicilio
Zoll	aduana
zollfrei	exento de derechos de aduana
zollpflichtig	sujeto a derechos de aduana

... MIT DEM AUTO/MOTORRAD/ FAHRRAD

WIE KOMME ICH NACH ...? | ¿CÓMO SE VA A ...?

Wie weit ist das?	¿A qué distancia está?
Entschuldigung, ist das die Straße nach ...?	Perdón, ¿es esta la carretera de…?
Wie komme ich zur Autobahn nach ...?	¿Cómo se va a la autopista de…?
Immer geradeaus bis ...	Todo seguido (Am derecho) hasta…
Dann links/rechts abbiegen.	Luego tuerza (Am doble) a la izquierda/derecha.

VOLLTANKEN, BITTE | LLENO, POR FAVOR

Wo ist bitte die nächste Tankstelle?	¿Dónde está la estación de servicio/ la gasolinera más cercana, por favor?
Normalbenzin/Super/Diesel/ Elektroladestation	gasolina normal/súper/diesel/puntos de recarga para coches (Am autos) eléctricos/electrocoche/ electroauto
Prüfen Sie bitte ...	¿Quiere comprobar…
den Ölstand.	el nivel del aceite?
den Reifendruck.	la presión de las ruedas?
Sehen Sie bitte auch das Kühlwasser nach.	Controle también el agua del radiator, por favor.
Wo sind bitte die Toiletten?	¿Dónde está el baño/servicio?
Gibt es eine Behindertentoilette?	¿Hay aseo accesible para personas con discapacidad?

PARKEN | APARCAMIENTO

Gibt es hier in der Nähe eine Parkmöglichkeit?	Perdón, ¿hay algún sitio para aparcar por aquí cerca?
Kann ich das Auto hier abstellen?	¿Puedo dejar el coche aquí?

PANNE | AVERÍA

Können Sie mir Starthilfe geben?	¿Podría utilizar los cables de arranque con su coche (Am auto)?
Würden Sie mir bitte einen Abschleppwagen schicken?	¿Pueden ustedes enviarme un grúa?
Ich habe einen Platten.	Se me ha pinchado una rueda/He pinchado.
Ich habe kein Benzin mehr.	Me he quedado sin gasolina.
Die Batterie ist leer.	Me he quedado sin batería.
Würden Sie mich bis zur nächsten Werkstatt abschleppen?	¿Puede usted remolcarme hasta el taller más próximo?

WERKSTATT | EL TALLER

Mein Wagen springt nicht an.	Mi coche no arranca.
Können Sie mal nachsehen?	¿Puede usted mirar, por favor?
Die Batterie ist leer.	La pila está agotada.
Mit dem Motor stimmt was nicht.	El motor no funciona bien.
Die Bremsen funktionieren nicht.	Los frenos no funcionan bien.
... ist/sind defekt.	… está/están estropeado/s.
Der Wagen verliert Öl.	El coche pierde aceite.
Wechseln Sie bitte die Zündkerzen aus.	Cambie las bujías, por favor.
Was wird es kosten?	¿Cuánto costará?

ES IST EIN UNFALL PASSIERT | HA HABIDO UN ACCIDENTE

Rufen Sie bitte schnell ...	Llame enseguida…
einen Krankenwagen.	una ambulancia.
die Polizei.	a la policía.
die Feuerwehr.	a los bomberos.
Sind Sie verletzt?	¿Está (usted) herido/herida?
Haben Sie Verbandszeug?	¿Tiene usted botiquín de urgencias?
Es war meine Schuld.	Ha sido por mi culpa.
Es war Ihre Schuld.	Ha sido por su culpa.
Sollen wir die Polizei holen oder können wir uns so einigen?	¿Llamamos a la policía o lo arreglamos entre nosotros?
Geben Sie mir bitte ...	¿Puede usted darme…

... Ihren Namen und Ihre Anschrift.	… su nombre y dirección?
... Namen und Anschrift Ihrer Versicherung.	… el nombre y dirección de su compañía de seguros?
Vielen Dank für Ihre Hilfe.	Muchas gracias por su ayuda.

Abblendlicht	la luz de cruce
abschleppen	remolcar
Abschleppseil	el cable de remolque
Abschleppwagen	grúa, el grúa
Ampel	semáforo, disco
Anlasser	el motor de arranque
Autobahn	autopista
Batterie	pila/batería
Baustelle	(las) obras
Benzin	gasolina
Benzinkanister	el bidón (Am el tanque) de gasolina
Benzinpumpe	bomba de gasolina
Bremsbelag	ferodo
Bußgeld	multa
Defekt	avería, defecto
Dichtung	junta
Elektrotankstelle	punto de recarga de electricidad
Erdgastankstelle	la estación de gas (natural)
Fahrrad	bicicleta
Fahrspur	pista
Felge	llanta
Fernlicht	la luz de carretera

WIE DIE EINHEIMISCHEN

Insider Tipp

Operation Urlaub

Die in Spanien verwendeten Begriffe *Operación Salida* („Operation Hinreise") und *Operación Retorno* („Operation Rückreise") klingen nicht nur nach Ausnahmezustand, sie beschreiben diesen auch äußerst treffend. Am 1., 15. und 30. August ist ganz Spanien auf dem Weg in den Urlaub oder auf der Rückfahrt. Planen Sie also an diesen Tagen bloß keine Reise! Auch Ostern und das erste Mai-Wochenende sind traditionell von völlig überfüllten Straßen und einem Anstieg schwerer Verkehrsunfälle gekennzeichnet.

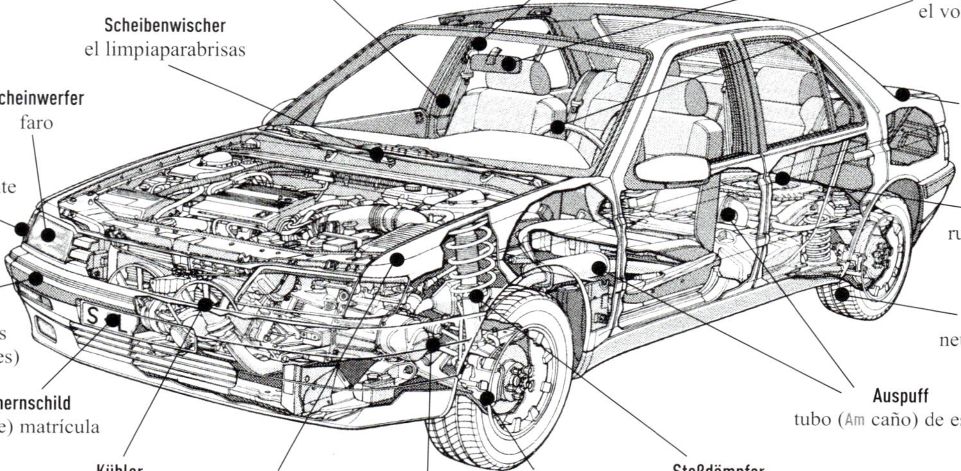
Sicherheitsgurt
el cinturón de seguridad
Windschutzscheibe
el parabrisas
Rückspiegel
el (espejo) retrovisor
Lenkrad
el volante
Scheibenwischer
el limpiaparabrisas
Scheinwerfer
faro
Blinker
el intermitente
Kofferraum
el portamaletas
(Am el baúl)
Ersatzrad
rueda de repuesto
Stoßstange
el parachoques
(Am el paragolpes)
Autoreifen
neumático, rueda
Nummernschild
(placa de) matrícula
Auspuff
tubo (Am caño) de escape
Kühler
el radiador
Kotflügel
el guardabarros
(Am el guardafangos)
Achse
el eje
Bremse
freno
Stoßdämpfer
el amortiguador

Flickzeug	los parches y el pegamento
Führerschein	permiso/el carné de conducir
Fußbremse	freno de pie
Gang	marcha, la velocidad
Gaspedal	el pedal del gas
gebrochen	roto
Gepäckträger	mozo
Getriebe	caja de cambio
Handbremse	freno de mano
Heizung	la calefacción
Helm	casco
Hupe	bocina, el claxon
Kabel	el cable
Karosserie	carrocería
Keilriemen	correa trapezoidal (Am correa en V)
Klingel	el timbre
Kühlwasser	(el) agua del radiador
Kupplung	el embrague
Kurve	curva
Kurzschluss	cortocircuito
Landstraße	carretera
Lastwagen	el camión
Lichtmaschine	la dínamo
Luftpumpe	bomba de aire
Maut	el peaje
Motor	el motor
Motorrad/Motorroller	la moto(cicleta)/el escúter, el scooter
Notrufsäule	el poste de socorro
Oktanzahl	número de octanos, el octanaje
Öl/Ölwechsel	el aceite/cambio de aceite
Panne	avería
Pannendienst	servicio de ayuda al automovilista
Papiere	los documentos
Parkhaus	el garaje de varios pisos
Parkplatz	aparcamiento (Am parqueadero)
Promille	por mil
PS	CV (caballos de vapor)
Radarkontrolle	el control de radar
Raststätte	el albergue de carretera
Regenkombi	chubasquero
Reifenpanne	pinchazo
Schalthebel	palanca de cambio
Schiebedach	techo corredizo
Schraube	tornillo

Schraubenschlüssel	la llave de tuercas
Schutzblech	el guardabarros (Am el guardafangos)
Sicherung	el fusible
Standlicht	la luz de población/estacionamiento
Starthilfekabel	el cable de ayuda para el arranque
Stau	atasco, embotellamiento
Straße	la calle
Straßenkarte	el mapa de carreteras
Tachometer	el cuentakilómetros, velocímetro
Tankstelle	gasolinera, la estación de servicio
Umleitung	la desviación
Ventil	válvula
Vergaser	el carburador
Versicherungskarte, grüne	carta verde (del seguro)
Vollkasko	seguro a todo riesgo
Wagenheber	gato, el alzacoches
Wagenwäsche	lavado del coche
Warnblinker	el sistema de alarma intermitente
Warndreieck	la señal de situación de peligro, triángulo de peligro
Werkstatt	el taller
Werkzeug	las herramientas
Zündkerze	bujía
Zündschloss	cerradura de contacto
Zündschlüssel	la llave de encendido
Zündung	encendido (Am la ignición)

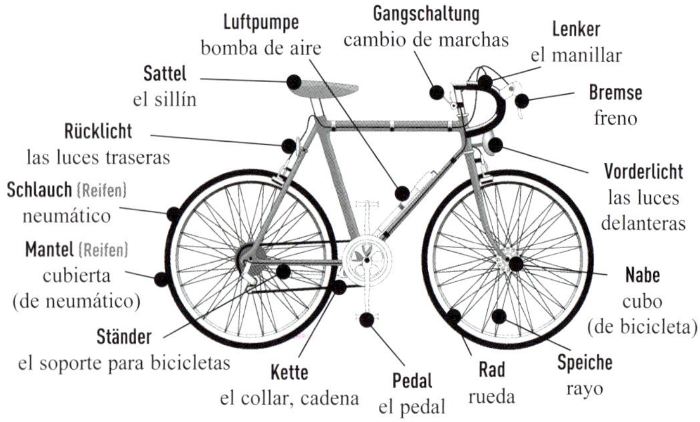

UNTERWEGS

AUTO-/MOTORRAD-/FAHRRADVERMIETUNG
ALQUILER DE AUTOMÓVILES/MOTOS/BICICLETAS

Ich möchte für ... Tage/eine Woche ... mieten.	Quisiera alquilar por… días/una semana…
Auto/Wohnmobil/Roller/ Fahrrad	el coche (Am auto)/autocaravana/vespa/ motocicleta/bicicleta
Bitte mit ...	Por favor con...
Automatik.	cambio de marchas automático.
Klimaanlage.	aire acondicionado.
Navigationsgerät.	GPS (Am navegador).
Haben Sie Kindersitze/ Babyschalen?	¿Tiene sillitas para niño/para bebé?
Wie hoch ist die Tages-/ Wochenpauschale?	¿Qué tarifa se paga por un día/por una semana?
Ist das Fahrzeug vollkasko-versichert?	¿Está el vehículo asegurado a todo riesgo?
Ist es möglich, das Fahr-zeug in ... abzugeben?	¿Es posible entregar el vehículo en…?

... MIT DEM FLUGZEUG

ABFLUG | EL DESPEGUE

Wo ist der Schalter der Fluggesellschaft ...?	¿Dónde está la facturación de la compañía…?
Wann fliegt die nächste Maschine nach ...?	¿A qué hora sale el próximo avión para…?
Ich möchte einen einfachen Flug nach ... buchen.	Quisiera reservar un vuelo de ida a…
Sind noch Plätze frei?	¿Hay todavía plazas libres?
Ich möchte diesen Flug umbuchen.	Quisiera cambiar el vuelo.
Wann muss ich am Flughafen sein?	¿A qué hora tengo que estar en el aeropuerto?
Wir reisen mit einem Kleinkind. Könnten wir Plätze ganz vorn/ am Gang bekommen?	Viajamos con un niño pequeño. ¿Nos podría dar asientos en la primera fila/en el pasillo?

Kann ich das als Handgepäck mitnehmen?	¿Puedo llevar esto como equipaje de mano?
Wird ein/mein Rollstuhl am Flughafen bereit gestellt?	¿Me facilitarán una silla de ruedas en el aeropuerto?
Hat die Maschine nach ... Verspätung?	¿Tiene retraso el avión a…?

ANKUNFT | LLEGADA

Mein Gepäck ist verloren gegangen.	Mi equipaje se ha perdido.
Mein Koffer ist beschädigt worden.	Mi maleta (Am valija) está rota.

Ankunftszeit	hora de llegada
Anschluss	el empalme
anschnallen, sich	abrocharse el cinturón de seguridad
Anschnallgurt	el cinturón de seguridad
Bordkarte	tarjeta de embarque
Buchung	reserva
Charterflug	vuelo chárter
Direktflug	vuelo directo
einchecken	facturar
elektronisches Ticket	el billete electrónico
Fenstersitz	asiento junto a la/de ventanilla
Flug	vuelo
Flugbegleiter/in	el/la auxiliar de vuelo/la azafata (Am aeromozo/a)
Fluggesellschaft	compañía aérea
Flughafenbus	el autobús del aeropuerto
Flugplan	horario (de vuelo)
Flugsteig	puerta
Flugstrecke	ruta (de vuelo)
Flugzeug	el avión
Gepäck	el equipaje
Gepäckabfertigung	la facturación de equipajes
Gepäckausgabe	entrega de equipaje
Handgepäck	el equipaje de mano
Landung	el aterrizaje
Notausgang	salida de emergencia
Notlandung	el aterrizaje forzoso
Notrutsche	el tobogán de emergencia
Passagier	pasajero
Pilot/in	el/la piloto

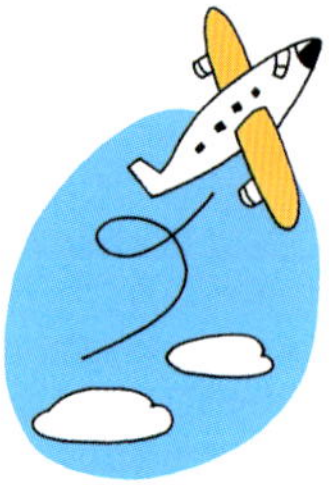

planmäßiger Abflug	salida regular
Schalter	ventanilla
Schwimmweste	chaleco salvavidas
Sicherheitskontrolle	el control de seguridad
Spucktüte	bolsa para vómitos
stornieren	anular
umbuchen	cambiar el vuelo
Verspätung	retraso
zollfreier Laden	venta libre de impuestos
Zwischenlandung	escala

... MIT DEM ZUG

AM BAHNHOF | EN LA ESTACIÓN DE FERROCARRIL

Wann fährt der nächste Zug nach ...?	¿Cuándo sale el próximo tren para...?
Eine einfache Fahrt 2. Klasse/ 1. Klasse nach ..., bitte.	Un billete (Am boleto) de segunda/ de primera clase para..., por favor.
Zweimal ... hin und zurück, bitte.	Dos billetes (Am boletos) de ida y vuelta a..., por favor.
Gibt es einen Spartarif?	¿Existe alguna tarifa (de) ahorro?
Gibt es eine Ermäßigung für ... Kinder/Studenten?	¿Hacen ustedes descuento para... niños/estudiantes?
Muss ich einen Platz reservieren?	¿Tendría que reservar un sitio/asiento?
Ich möchte diesen Koffer als Reisegepäck aufgeben.	Quisiera facturar esta maleta (Am valija).
Hat der Zug aus ... Verspätung?	¿Tiene retraso el tren de...?
(Wo) Muss ich umsteigen?	¿(Dónde) tengo que hacer transbordo?
Von welchem Gleis fährt der Zug nach ... ab?	¿De qué andén sale el tren para...?
Kann ich ein Fahrrad mitnehmen?	¿Puedo llevar una bicicleta?

IM ZUG | EN EL TREN

Verzeihung, ist dieser Platz noch frei?	Perdón, ¿está libre este asiento?
Hält dieser Zug in ...?	¿Para este tren en...?

Abfahrt	salida
Abfahrtszeit	hora de salida
Abteil	departamento (Am compartimiento)
ankommen	llegar
Anschlusszug	el tren de enlace
Aufenthalt	parada
Ausdruck	copia impresa
aussteigen	bajar
Autoreisezug	el autotrén
Bahnhof	la estación (de trenes)
besetzt	ocupado
einsteigen	subir
Ermäßigung	descuento, la reducción
Fahrkarte	el billete (Am boleto)
Fahrkartenschalter	ventanilla (Am boletería)
Fahrplan	horario
Fahrpreis	precio del billete
Fensterplatz	asiento junto a la ventanilla
frei	libre
Gepäck	el equipaje
Gepäckaufbewahrung	consigna (de equipajes)
Gepäckschein	el talón (Am boleto) (de equipajes)
Gleis	el andén
Hauptbahnhof	la estación central
Internetbuchung	reserva/compra en internet
Kinderfahrkarte	el billete (Am boleto) infantil
Nichtraucherabteil	departamento/compartimiento de no fumadores
Notbremse	freno de alarma
Platzkarte	reserva de asiento
Reservierung	reserva
Rückfahrkarte	el billete de ida y vuelta
Schlafwagen	el coche cama
Schließfach	consigna automática
Sitzplatzreservierung	reserva de asientos
Speisewagen	el vagón restaurante
Stromanschluss	toma de corriente
Toilette	los servicios, baño
Wartehalle	sala de espera
Zug	el ferrocarril, el tren
Zuschlag	suplemento

... MIT DEM SCHIFF

IM HAFEN | EN EL PUERTO

Wann fährt das nächste Schiff nach ... ab?	¿Cuándo parte el próximo barco para…?
Wie lange dauert die Überfahrt?	¿Cuánto dura la travesía?
Ich möchte eine Schiffskarte nach ...	Quisiera un pasaje para…
Ich möchte eine Karte für die Rundfahrt um ... Uhr.	Quisiera un pasaje para la excursión de las…
Wann legen wir in ... an?	¿Cuándo atracamos en…?

AN BORD | A BORDO

Wo ist der Speisesaal/der Aufenthaltsraum?	¿Dónde está el comedor/el salón?
Ich fühle mich nicht wohl.	No me siento bien.
Geben Sie mir bitte ein Mittel gegen Seekrankheit.	¿Puede usted darme un remedio contra el mareo?

Anlegeplatz	embarcadero
an Bord	a bordo
Buchung	reserva
Dampfer	el vapor
Deck	cubierta
Fähre	el transbordador (Am el ferryboat)
Fahrkarte	el billete (Am boleto)
Hafen	puerto
Kabine	cabina
Kapitän	el capitán
Küste	costa
Luftkissenboot	el aerodeslizador
Motorboot	(lancha) motora
Passagier	pasajero
Rettungsboot	el bote salvavidas
Rettungsring	el salvavidas
Ruderboot	barca de remos
Schwimmweste	chaleco salvavidas
Seegang	el oleaje
seekrank	mareado/mareada

Steward	camarero (de barco)
Tragflügelboot	el hidroala, el hidrofoil

NAHVERKEHR

BUS/U-BAHN | EL AUTOBÚS/METRO

Bitte, wo ist die nächste ...	Por favor, ¿dónde está la próxima…
Bushaltestelle?	parada del autobús?
Straßenbahnhaltestelle?	parada del tranvía?
U-Bahnstation?	parada/estación del metro?
Welche Linie fährt nach ...?	¿Cuál es la línea que va a…, por favor?
Wann fährt der Bus ab?	¿Cuándo sale el autobús?
Wo muss ich aussteigen/ umsteigen?	¿Dónde tengo que bajar/cambiar?
Könnten Sie mir bitte Bescheid geben, wenn ich aussteigen muss?	Haga el favor de avisarme quando tenga que bajar.
Wo kann ich den Fahrschein kaufen?	¿Dónde puedo comprar el billete (Am boleto)?
Bitte, einen Fahrschein nach ...	Un billete (Am boleto) a…, por favor.
Kann ich ein Fahrrad mitnehmen?	¿Puedo llevar una bicicleta?

Abfahrt	salida, partida
aussteigen	bajar
Bus	el autobús
einsteigen	subir
Endstation	la estación final
Fahrer	el conductor
Fahrkartenautomat	máquina expendedora de billetes (Am boletos)
Fahrplan	horario
Fahrpreis	precio del billete
Fahrschein	el billete (Am boleto)
Haltestelle	parada
Kontrolleur/in	el revisor/la revisora
lösen (Fahrschein)	sacar (un billete)
Schaffner/in	el revisor/la revisora
Straße	la calle

Straßenbahn	el tranvía
Tageskarte	abono diario, el billete válido para un solo día
Touristenticket	el billete (Am boleto) especial para turistas
U-Bahn	metro (Am subterráneo)
Wochenkarte	el billete/abono semanal

TAXI | EL TAXI

Könnten Sie mir bitte ein Taxi rufen?	¿Puede pedirme un taxi, por favor?
Entschuldigen Sie bitte, wo ist denn der nächste Taxistand?	Perdón, ¿dónde está la parada de taxis más cercana?
Zum Bahnhof.	A la estación.
Zum ...-Hotel.	Al hotel…
In die ...-Straße.	A la calle…
Nach ..., bitte.	A…, por favor.
Wie viel kostet es nach ...?	¿Cuánto cuesta hasta…?
Das ist zu viel.	Me parece demasiado.
Halten Sie bitte hier.	Pare aquí, por favor.
Das ist für Sie.	Para usted.
Die Quittung, bitte.	¿Me puede dar una factura, por favor?

Fahrpreis	tarifa
Taxifahrer/in	el/la taxista
Taxistand	parada de taxis
Trinkgeld	propina

MITFAHREN

Fahren Sie nach ...?	¿Va usted a…?
Könnte ich ein Stück mitfahren?	¿Podría llevarme hasta…? (Ausstiegsort nennen)
Ich würde gerne hier aussteigen.	Déjeme aquí, por favor.
Vielen Dank fürs Mitnehmen.	Muchas gracias por llevarme.

> KULINARISCHE ABENTEUER

Mit Spaß bestellen und mit Genuss essen – denn für Sie ist die Speisekarte in der Landessprache kein Buch mit sieben Siegeln.

ESSEN GEHEN | IR A COMER

Wo gibt es hier ...	¿Dónde hay por aquí cerca…
ein gutes Restaurant?	un buen restaurante?
ein typisches Restaurant?	un restaurante típico?
Reservieren Sie uns bitte für heute Abend einen Tisch für (4) Personen.	¿Puede reservarnos para esta noche una mesa para (cuatro) personas?
Ist dieser Tisch besetzt/ noch frei?	¿Está ocupada/libre esta mesa?

ESSEN UND TRINKEN

Einen Tisch für (2/3) Personen, bitte.	Una mesa para (dos/tres) personas, por favor.
Haben Sie einen (Nicht-) Raucherbereich?	¿Hay también una zona de (no) fumadores?
Wo sind bitte die Toiletten?	¿Dónde están los servicios, por favor?
Guten Appetit!	¡Que aproveche!
Prost!	¡Salud!
Das Essen ist/war ausgezeichnet!	La comida está/ha estado estupenda.
Ich bin satt, danke.	No, gracias, ya estoy satisfecho.
Stört es Sie, wenn ich rauche?	¿Le molesta que fume?

BESTELLUNG | PEDIDO

Herr Ober/Bedienung, ...	Camarero (Am Mozo),
die Speisekarte, bitte.	la carta (Am el menú), por favor.
die Getränkekarte, bitte.	la carta de bebidas (y licores), por favor.
die Weinkarte, bitte.	la carta de vinos, por favor.
Was können Sie mir empfehlen?	¿Qué me recomienda usted?
Ich hätte gerne etwas Typisches aus der Region.	Me gustaría algo típico de la región.
Ich nehme ...	Yo tomo…
Wir haben leider kein/e ... (mehr).	Lo lamento, pero ya no tenemos…
Ich bin Diabetiker/Vegetarier/Veganer.	Soy diabético/vegetariano/vegano.
Ich bin allergisch gegen ...	Soy alérgico/a a...
Eier/Gluten/Milchprodukte/Natriumglutamat/Nüsse.	los huevos/al gluten/a los productos lácteos/al glutamato sódico/a las nueces.
Was wollen Sie trinken?	¿Qué desea usted beber (Am tomar)?
Bitte ein Glas ...	Un vaso de…, por favor.
Bitte eine/eine halbe Flasche ...	Una botella/Media botella de…, por favor.
Bitte bringen Sie uns ...	Tráiganos…, por favor.

REKLAMATION | QUEJAS Y RECLAMACIONES

Das Essen ist kalt.	La comida está fría.
Das Fleisch ist nicht durch.	La carne no está bien hecha.
Haben Sie mein/e ... vergessen?	¿Se ha olvidado usted de mi…?
Das habe ich nicht bestellt.	Yo no he pedido esto.
Holen Sie bitte den Chef.	Llame al dueño, por favor.

BEZAHLEN | PAGAR

Bezahlen, bitte	¡La cuenta, por favor!
Bitte alles zusammen.	Todo junto, por favor.
Könnten ich bitte eine Quittung bekommen?	¿Me puede dar una factura, por favor?
Getrennte Rechnungen, bitte.	Cuentas separadas, por favor.
Das ist für Sie./Es stimmt so.	Para usted./Está bien así.
Das Essen war ausgezeichnet.	La comida estaba excelente.
Vielen Dank für die Einladung!	¡Muchas gracias por la invitación!

Abendessen	cena
Besteck	los cubiertos
Bestellung	pedido
Diabetiker/in	diabético/diabética
englisch	a la inglesa
Essig	el vinagre
fettarm	bajo en grasas
frisch	fresco
frittiert	frito/freído
Frühstück	desayuno > S. 46
Gabel	el tenedor
gebacken	frito
gegrillt	a la plancha/parrilla

WIE DIE EINHEIMISCHEN

Insider Tipps

Für den kleinen und großen Appetit

El café entspricht etwa dem deutschen Café. Es gibt Kaffee, Erfrischungen oder auch Alkohol. Kuchen werden seltener angeboten.

Un bar ist nicht mit einer deutschen Bar vergleichbar. Man bekommt dort vielmehr vom Kaffee bis hin zum alkoholischen Getränk alles und hat auch die Möglichkeit, einen kleinen Imbiss einzunehmen. Zu Bier und Wein werden in jeder Bar Appetithäppchen, die *tapas*, gereicht. Einst waren es Brotstücke, mit denen man das gefüllte Weinglas zum Schutz vor Fliegen abdeckte (abdecken = *tapar*); dann wurden daraus Oliven, Nüsse, Sardellen und vieles mehr. In Andalusien werden diese meist sehr reichhaltigen Häppchen oft gratis zum Getränk gereicht.

La cafetería: Hier kann man an der Theke, an einem Tisch oder auf der Terrasse Getränke aller Art, die für Spanien typischen Vorspeisen *(tapas)* und kleine Mahlzeiten bestellen.

La taberna (volkstümlich *tasca*) ist ein kleineres Lokal. Hier kann man hauptsächlich Wein, aber auch andere Getränke trinken und kaufen.

El (café-)restaurante: ein größeres Lokal, in dem man etwas trinken und zu Mittag oder zu Abend essen kann.

El chiringuito: ein während der Sommermonate besuchtes Lokal (im Freien – fast immer am Strand), in dem man Getränke und Gerichte (typisch sind Fisch und Meeresfrüchte) bekommt.

Die Rechnung, bitte

Im Restaurant heißt es nach dem Essen „Die Rechnung bitte." – *La cuenta, por favor.* Beim kleinen Verzehr an der Bar fragt man: *¿Me cobra?* – „Können Sie bitte abkassieren?" oder *¿Qué le debo?* – „Was schulde ich Ihnen?"

Getränk	bebida > S. 45 f., 52 f.
Gewürz	especia, condimento
Glas	vaso
glutenfrei	libre/s de gluten
Gräte	espina
Hauptspeise	comida principal > S. 46 ff.
heiß	(muy) caliente
kalorienarm	bajo en calorías
kalt	frío
Kellner/in	camarero/camarera
Kinderteller	plato para niños
Knoblauch	ajo
Koch/Köchin	cocinero/cocinera
kochen	cocinar
Laktoseintoleranz	intolerancia a la lactosa
Löffel	cuchara
Messer	cuchillo
Mittagessen	comida, almuerzo
Nachtisch	el postre > S. 50 f.
Ober	camarero
Öl	el aceite
Pfeffer	pimienta
Portion	la ración
Salz	la sal
sauer	agrio
scharf	picante, fuerte
Senf	mostaza
Serviette	servilleta
Soße	salsa
Streetfood	comida callejera
Suppe	sopa > S. 47
süß	dulce
Tagesgericht	plato del día
Tasse	taza
Teller	plato
Trinkgeld	propina
vegan/vegetarisch	vegano/vegetariano
Vollkorn	grano integral
Vorspeise	los entremeses > S. 47
Wasser	(el) agua
Wrap	burrito/fajita
zäh	duro
Zahnstocher	palillo de dientes
Zucker	el azúcar

> ***www.marcopolo.de/spanisch***

ESSEN UND TRINKEN

lechuga

las judías (Am los porotos, los frijoles)

guindilla verde (Am el chile)

pimiento verde

los tomates

pepino

coliflor

el brécol

alcachofas

los champiñones

berenjenas

apio

patatas (Am papas)

cebolla

ajo

jengibre

aguacate

las zanahorias

repollo, berza, la col

puerro

los espárragos

las lentejas

calabaza

calabacín

los guisantes (Am arvejas)

los garbanzos

las espinacas

el maíz

salvia

menta

el perejil

romero

los albaricoques (Am damascos)

plátano (Am banana)

piña (Am ananás)

mango

las fresas (Am frutilla)

melocotón (Am durazno)

el kiwi

las uvas

manzana

pera

los arándanos

las cerezas

las grosellas

naranja

el limón

lima

papaya

sandía

el melón

pomelo

granada

las ciruelas

las ciruelas amarillas

los higos

el litchi

pamplemusa

coco

las castañas

los cacahuetes

los arándanos (rojos/agrios)

las frutas desecadas

surtido de frutos secos

ESSEN UND TRINKEN

el pan/tostada

el pan integral

el pan integral

barra de pan/el baguette

el bagel

el brezel, rosquilla (salada)

el croissant

tostada(s) sueca(s), pan/ tostada(s) Wasa

el pan ácimo

panecillo

panecillo integral

el pan negro

el gofre

el donut

bollo

torta, tarta

torta de arroz

el müsli

los copos de maíz

el yogur

mantequilla (Am manteca)

los huevos

queso

queso azul

el camembert

queso fresco

la leche

el requesón con hierbas

el (queso) Bonbel

(queso) parmesano

queso de oveja

vaca

la casquería

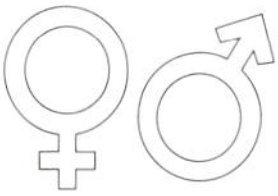

hembra/macho

ternera

cerdo

cordero

pollo

pato

conejo

el jabalí

entera

en pedazos

la carne picada

pincho de carne

el bistec

el filete

chuleta (Am costeleta)

el rosbif

salchicha

embutido

el salami, el salchichón

jamón (de) york

el jamón serrano

panceta

pollo asado

muslo de pollo

ESSEN UND TRINKEN

lubina

trucha

el atún

el salmón

las sardinas

las gambas

las gambas,
los camarones

el bogavante

los mejillones

los calamares

las ostras

el caviar

(el) agua mineral
sin gas

(el) agua mineral
con gas

la leche

la leche de soja

zumo

la Coca-Cola

bebida energética

cerveza

el té

el café

cacao

los cubitos de hielo

vino tinto

vino blanco

el cava, el champán

el cóctel

FRÜHSTÜCK | DESAYUNO

Zeigebilder: Seite 42 ff.

café solo	schwarzer Kaffee
café con leche	Kaffee mit Milch
café descafeinado	koffeinfreier Kaffee
té con leche/limón	Tee mit Milch/Zitrone
infusión (de hierbas)/tisana	Kräutertee
chocolate	Schokolade
zumo de fruta	Fruchtsaft
huevo pasado por agua	weiches Ei
huevos revueltos	Rühreier
huevos con jamón	Eier mit Speck
pan/panecillos/tostadas	Brot/Brötchen/Toast
crema catalana	karamellisierter Vanillepudding
churros	frittiertes Spritzgebäck
mantequilla	Butter
queso	Käse
embutido	Wurst
jamón (serrano/(de) york)	(roher/gekochter) Schinken
miel	Honig
mermelada	Marmelade
müsli	Müsli
smoothie/batido	Smoothie
yogur	Joghurt
fruta	Obst

MENÚ TURISTICO | TOURISTENMENÜ

ensalada	Salat
canelones	Cannelloni
bacalao al ajillo	Stockfisch mit Knoblauch
postre: helado, yogurt o tarta de chocolate	Nachspeise: Eis, Joghurt oder Schokoladentorte
consomé	Kraftbrühe
chuleta de ternera con patatas y guisantes	Kalbskotelett mit Kartoffeln und Erbsen
postre (flan o fruta del tiempo) o café	Nachspeise (Karamellpudding oder Obst nach Jahreszeit) oder Kaffee
gazpacho	Gemüsekaltschale
pechuga de pollo o merluza	Hühnerbrust oder Seehecht
fruta del tiempo	Obst nach Jahreszeit

> www.marcopolo.de/spanisch

SPEISEKARTE

ENTREMESES | VORSPEISEN

aceitunas	Oliven
alcachofas	Artischocken
almejas	Venusmuscheln
boquerones	Sardellen
cangrejos	Krebse
caracoles	Schnecken
chorizo	Paprikawurst
croquetas	Kroketten
embutido	Wurst
ensaladilla rusa	Kartoffelsalat (mit Gemüse, Thunfisch, Mayonnaise)
fiambre	Aufschnitt
gambas	Garnelen
gambas al ajillos	Garnelen in Knoblauch
gambas a la plancha	gegrillte Garnelen
jamón serrano/(de) york	Schinken roh/gekocht
mejillones	Miesmuscheln
salchichón	Salami
salpicón de marisco	Meeresfrüchtesalat
sardinas	Sardinen

SOPAS | SUPPEN

caldo	Bouillon
consomé	Kraftbrühe
crema de espárragos	Spargelsuppe
fabada asturiana	asturischer Bohneneintopf
gazpacho	Gemüsekaltschale
sopa de ajo	Knoblauch-Brotsuppe
sopa de arroz	Reissuppe
sopa de fideos	Nudelsuppe
sopa de pescado	Fischsuppe
sopa juliana/jardinera/ de verduras	Gemüsesuppe

PESCADOS Y MARISCOS | FISCH UND MEERESFRÜCHTE

Zeigebilder: Seite 45

anguila	Aal
angulas	Glasaal

arenque	Hering
atún	Thunfisch
bacalao	Kabeljau; (aus getrocknetem Fisch) Stockfisch
besugo	Seebrasse
bogavante	Hummer
bonito	(junger) Thunfisch
caballa	Makrele
calamares a la romana	panierte Tintenfischringe
calamares en su tinta	Tintenfisch in eigener Sauce
carpa	Karpfen
centollo	Seespinne
cigalas	Kronenhummer
corvina	Meerrabe
dorada	Goldbarsch
gambas	Garnelen
langosta	Languste
langostinos	Riesengarnelen
lenguado	Seezunge
lubina	See-/Wolfsbarsch
merluza	Seehecht
paella	Reispfanne (mit Meeresfrüchten)
parrillada de pescado	Fisch-Grillplatte
perca	Barsch
pescadilla	junger Seehecht
pescado a la marinera	Fisch Matrosenart (in Tomaten-Weißwein-Soße)
pez espada	Schwertfisch
platija	Scholle
pulpo	Oktopus
rape	Seeteufel
raya	Rochen
rodaballo	Steinbutt
salmón	Lachs
salmonete	Meerbarbe
trucha	Forelle
zarzuela de marisco(s)	Meeresfrüchtepfanne

CARNE Y AVES | FLEISCH UND GEFLÜGEL

> Zeigebilder: Seite 44

asado	Braten
bistec	Beefsteak
cabrito	Zicklein

callos	Kutteln
carne picada	Hackfleisch
cerdo	Schwein
chuleta	Kotelett
cocido	Eintopf (mit Fleisch, Kichererbsen, Kartoffeln und Gemüse)
cochinillo	Spanferkel
conejo	Kaninchen
cordero	Hammel, Lamm
cordero lechal	Lämmchen
empanada	Pastete
escalope	Schnitzel
estofado	Schmorbraten
faisán	Fasan
filete	Filet, Lendenstück
guisado	Gulasch, Ragout
hígado	Leber
lengua	Zunge
liebre	Hase
lomo	Lende
paella	Reispfanne (mit Meeresfrüchten)
parrillada de carne	Grillplatte
pato	Ente
pavo	Truthahn
pechuga de pollo	Hähnchenbrust
perdiz	Rebhuhn
pichón	Taube
pollo	Hähnchen
riñones	Nieren
rosbif	Roastbeef
sesos	Hirn
solomillo	Filet, Lendenstück
ternera	Kalb
vaca	Rind

ENSALADA Y VERDURAS | SALAT UND GEMÜSE

Zeigebilder: Seite 41

acelgas	Mangold
aguacate	Avocado
alcachofas	Artischocken
berenjenas	Auberginen
cebollas	Zwiebeln

col de Bruselas	Rosenkohl
coliflor	Blumenkohl
ensalada variada/mixta	gemischter Salat
ensalada del tiempo	Salat der Saison
escarola	Endivie(nsalat)
espárragos	Spargel
frijoles	dicke Bohnen
garbanzos	Kichererbsen
guisantes	Erbsen
judías blancas (alubias)	weiße Bohnen
judías verdes	grüne Bohnen
lechuga	Kopfsalat
lentejas	Linsen
patatas/papas fritas	Kartoffeln/Pommes frites
pepino	Gurke
pimiento	Paprika
pisto (manchego)	geschmortes Gemüse
setas	Pilze
tomate	Tomate
zanahorias	Karotten

PLATOS DE HUEVOS | EIERSPEISEN

huevos al plato	Setzeier
huevos duros	hartgekochte Eier
huevos fritos	Spiegeleier
huevos pasados por agua	weichgekochte Eier
huevos revueltos	Rühreier
tortilla (a la) española	Kartoffelomelett
tortilla (a la) francesa	Eieromelett

POSTRES, QUESO Y FRUTA | NACHSPEISEN, KÄSE UND OBST

> Zeigebilder: Seite 42 f.

albaricoques	Aprikosen
arroz con leche	Milchreis
cerezas	Kirschen
ciruelas	Pflaumen
compota	Kompott
flan	Karamellpudding
fresas	Erdbeeren

higos	Feigen
macedonia (de frutas)	Obstsalat
mandarina	Mandarine
manzana	Apfel
melocotón	Pfirsich
melón	Melone
naranja	Apfelsine, Orange
natillas	Cremespeise
pera	Birne
piña	Ananas
plátano, banana	Banane
pomelo, toronja	Grapefruit, Pampelmuse
queso de cabra	Ziegenkäse
queso de Gruyère	Greyerzer(-Käse), Gruyère
queso manchego	Manchego(-Käse) (Schafshartkäse)
queso de oveja	Schafskäse
sandía	Wassermelone
tarta	Torte
uvas	Weintrauben

HELADOS | EIS

café helado	Eiskaffee
copa de helado	Eisbecher
copa de helado con frutas	Eisbecher mit Früchten
helado de chocolate	Schokoladeneis
helado de fresa	Erdbeereis
helado de limón	Zitroneneis
helado de vainilla	Vanilleeis
helado variado	gemischtes Eis
mantecado	Sahneeis

DULCES | GEBÄCK

bombón	Praline
chocolate	Schokolade
churros	frittiertes Spritzgebäck
dulces	Süßigkeiten
galletas	Kekse
nata	Sahne
nata batida/montada	Schlagsahne
pastas, pasteles	Gebäck

pastel	Kuchen
pastelitos de crema	Cremeschnitte
tarta	Torte
tarta de crema	Buttercremetorte
tarta helada	Eistorte
tarta de frutas	Obstkuchen
tarta de manzana	Apfelkuchen
torta, tarta	Torte

BEBIDAS NO ALCOHÓLICAS | ALKOHOLFREIE GETRÄNKE

agua mineral	Mineralwasser
batido	Milchshake
cacao	Kakao
(café) americano	großer schwarzer Kaffee
café solo	Espresso
café con leche	Milchkaffee
(café) cortado	Espresso mit wenig Milch
(café) descafeinado	koffeinfreier Kaffee
chai latte	Chai Latte
horchata	Erdmandelmilch
leche	Milch
naranjada	Orangeade
zumo de fruta	Fruchtsaft
zumo de limón	Zitronensaft
zumo de naranja	Orangensaft

ALGUNOS VINOS TÍPICOS ESPAÑOLES
EINIGE TYPISCHE SPANISCHE WEINE

Cariñena	herber Tischwein
Chacolí	herber Aperitif
Jerez (dulce/oloroso)	(süßer) Sherry
Málaga	sehr süßer Dessertwein
Manzanilla	herber Weißwein
Montilla	herber Aperitif
Moriles	herber Weißwein
Moscatel	Muskateller
Priorato	herber Rot- oder Weißwein (aus Katalonien)

Ribeiro	herber Rotwein (Tischwein aus Galizien)
Rioja	herber Rot- und Weißwein
Sangría	Rotweinbowle (mit Früchten)
Valdepeñas	herber Rot- und Weißwein (aus der „Mancha“)

OTRAS BEBIDAS ALCOHÓLICAS
WEITERE ALKOHOLISCHE GETRÄNKE

aguardiente	Schnaps
caña de cerveza	Glas Bier vom Fass
cerveza de barril	Bier vom Fass
champán, cava	Sekt
coñac	Kognak
Cuba Libre	Cola (mit) Rum
ginebra	Gin
sidra	Apfelwein

WIE DIE EINHEIMISCHEN

Insider Tipps

Frühstücksmuffel

Liebhaber eines ausgefallenen Frühstücks werden in spanischen Bars kaum auf ihre Kosten kommen. Milchkaffee mit einem Croissant ist oft bereits der Gipfel des Frühstücksgenusses. Wer es deftig mag und etwas mehr Hunger mitbringt, kann sich auch schon zum Frühstück ein *bocadillo* bestellen – ein Baguette, das wahlweise mit spanischem Schinken, Käse, Chorizo, Tortilla und anderen Spezialitäten belegt sein kann.

In den Churrerías und der einen oder anderen Cafetería kann man auch *chocolate con churros* frühstücken. Hierbei handelt es sich um frisch frittiertes Spritzgebäck, das mit dickflüssiger heißer Schokolade serviert wird. > auch Speisekarte, S. 46.

Die bessere Hälfte

Wenn man Sie in Spanien nach Ihrer *media naranja* fragt, dann meint man damit keineswegs eine halbe Orange, sondern Ihre „bessere Hälfte“ …

Schmeckt's?

¿Te gusta? („Schmeckt's“?) hat verschiedene Bedeutungen und bezieht sich nicht immer nur auf das Essen. Es kann sich auch auf Dinge und Personen beziehen („Gefällt es/er/sie dir?“). So auch: *¡Me gustas!* – „Du gefällst mir!“

> ERFOLGREICH SHOPPEN

Mal ist es der schicke Schuh oder das schöne Souvenir, mal die Zahnbürste oder das Vollkornbrot – jetzt sind Sie für alle Eventualitäten gerüstet. Plus: praktische Zeigebilder

IM GESCHÄFT | EN LA TIENDA

Danke, ich sehe mich nur um.	Gracias, estoy mirando nada más.
Entschuldigen Sie bitte, wo finde ich ...?	Perdone, por favor, ¿dónde hay…?
Ich möchte ...	Quisiera…/Desearía…
Haben Sie ...?	¿Tiene usted…?
Nehmen Sie Kreditkarten?	¿Aceptan ustedes tarjetas de crédito?
Wie viel kostet es?	¿Cuánto cuesta?
Das ist aber teuer!	¡Qué caro!

EIN KAUFEN

Können Sie am Preis noch etwas machen?	¿Puede hacerme un descuento?
Ich zahle höchstens ...	Pagaría un máximo de…
Ich nehme es.	Me lo llevo.
Können Sie mir ein ...geschäft empfehlen?	¿Puede usted indicarme una buena tienda de…?

ÖFFNUNGSZEITEN HORARIO

offen	abierto
geschlossen	cerrado
Betriebsferien	cerrado por vacaciones

GESCHÄFTE | TIENDAS

información turística

oficina de correos

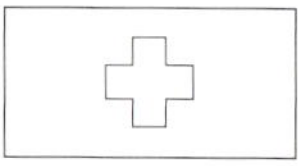
farmacia

droguería

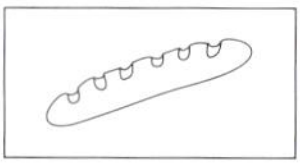
panadería

frutería y verdulería

carnicería

tienda macrobiótica

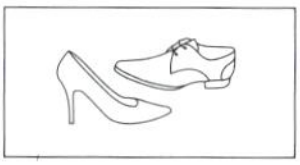
zapatería

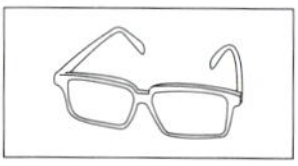
óptico

joyero

(tienda de) artículos de piel/cuero

(tienda de) artículos eléctricos

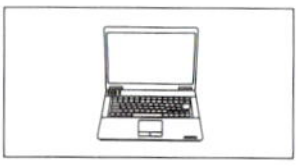
tienda de informática

(tienda de) artículos fotográficos

tienda de móviles

el vendedor de periódicos

librería

tienda de discos

juguetería, (tienda de) artículos de juguete

(el almacén de) vinos, la bodega

(tienda de) bebidas alcohólicas, vinos y licores

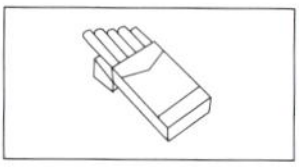
estanco (Am cigarrería)

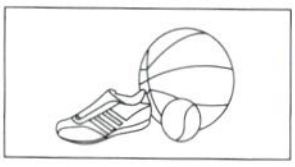
(tienda de) artículos de deporte

floristería

peluquería

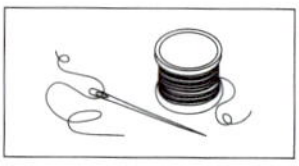
artículos domésticos

agencia de viajes

Einkaufszentrum	centro comercial
Flohmarkt	rastro
Kaufhaus	los grandes almacenes
Markt	mercado
Reiseandenken	recuerdos (de viaje), souvenirs
Supermarkt	supermercado

APOTHEKE | FARMACIA

Arzt: Seite 104 ff.

Wo ist die nächste Apotheke?	¿Dónde está la farmacia más cercana, por favor?
Geben Sie mir bitte etwas gegen ...	¿Me puede dar algo contra…, por favor?

MAN NEHME ... TOME ...

innerlich	para uso interno
äußerlich	para uso externo
einnehmen	tomar
auf nüchternen Magen	en ayunas
unzerkaut mit etwas Flüssigkeit einnehmen	sin masticar y con líquidos
in etwas Wasser auflösen	disolver con un poco de agua
im Mund zergehen lassen	dejar deshacerse en la boca
vor dem Essen	antes de las comidas
nach dem Essen	después de las comidas

weiter auf Seite 60

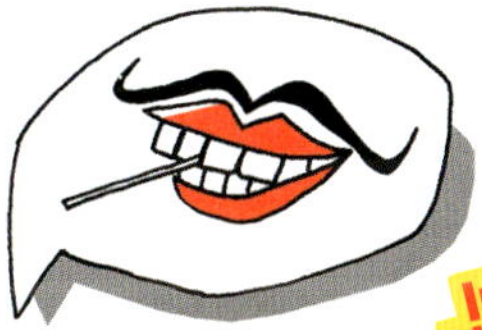

WIE DIE EINHEIMISCHEN

Insider Tipps

Wer ist der Letzte?

Wartet man darauf, bedient zu werden, sichert man sich mit *¿Quién es el último?* – „Wer ist der Letzte?" seinen Platz in der Warteschlange.

Schmeicheleien

Die weit verbreiteten Schmeicheleien (*piropos*), die manche spanischen Männer vorbeigehenden Frauen zurufen, sind nicht als Anzüglichkeit zu verstehen. Das *piropear* ist eher als ein nicht weiter ernst zu nehmender Zeitvertreib der spanischen Männerwelt zu betrachten, bei dem die spanischen Machos in einen Wettstreit um die fantasievollste Umschreibung weiblicher Wesen treten.
Wundern Sie sich zudem nicht, wenn Sie in Geschäften, Kneipen oder auf dem Markt mit *guapo* oder *guapa* („Hübsche(r)"), *cariño* („Liebling"), *reina* („Königin"), *mi niña* („mein Mädchen"), *hija* („Tochter") oder ähnlichen Floskeln angesprochen werden. Auch das ist normalerweise keine „Anmache", sondern es sind freundlich gemeinte Anreden, die in Spanien üblich sind.

DROGERIE | DROGUERÍA

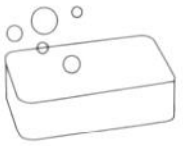
el jabón

el desodorante

crema

el papel higiénico

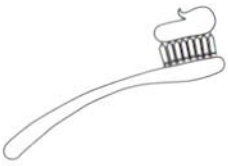
cepillo de dientes

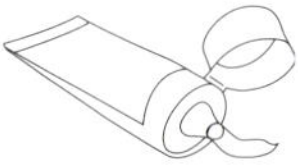
pasta de dientes

seda dental

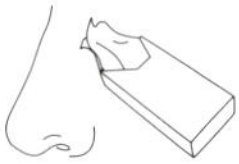
los pañuelos de papel

el champú

el fijador

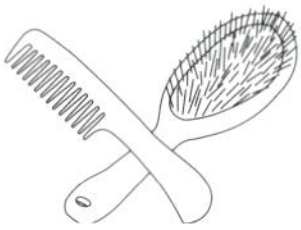
el peine/cepillo del pelo

espejo

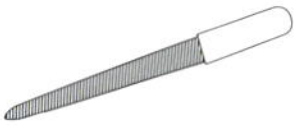
lima de uñas

las pinzas

tijera de uñas

el perfume

el tampón

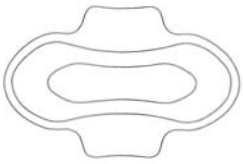
los paños compresa

el rímel

el lápiz de labios

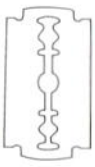
cuchilla de afeitar

maquinilla de afeitar

la loción

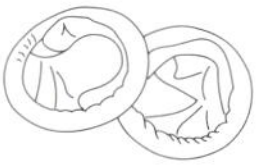
preservativo, el condón

crema solar

botella de agua caliente

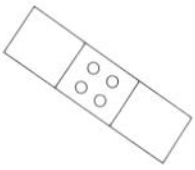
esparadrapo

los tapones para los oídos

aguja

hilo

los imperdibles

el botón

ELEKTRO/COMPUTER/FOTO
ELECTRÓNICA/INFORMÁTICA/FOTOGRAFÍA

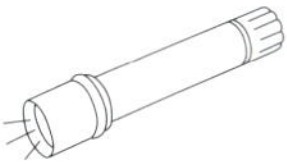
linterna

bombilla

batería

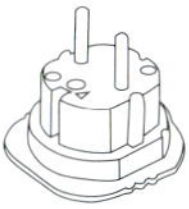
el adaptador

el (ordenador) portátil

el cable de la batería (del portátil)

el CD/el DVD

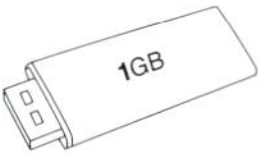

el pen drive,
el stick de memoria

impresora

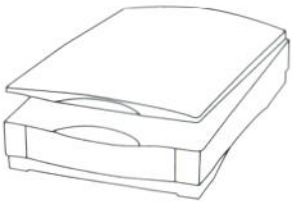
el escáner

el (teléfono) móvil

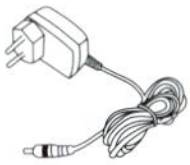
el cargador (del móvil)

el televisor

la radio

el MP3/el iPod

los auriculares

cámara fotográfica digital

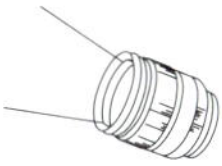
teleobjetivo

batería (recargable)

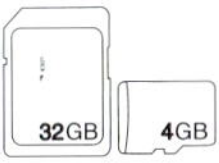

tarjeta memoria,
la memory card

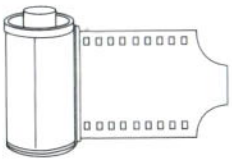
el carrete

tablet/tableta

cámara fotográfica sumergible

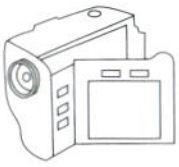
cámara de vídeo,
filmadora

el despertador

máquina de afeitar

cepillo de dientes eléctrico

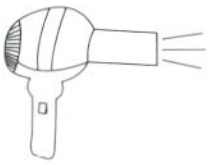
el secador de pelo

Abführmittel	el laxante
Antibiotikum	antibiótico
Aspirin®	aspirina®
Augentropfen	las gotas para los ojos
Beruhigungsmittel	el tranquilizante
Brandsalbe	pomada para quemaduras
Desinfektionsmittel	el desinfectante
Fieberthermometer	termómetro
Gegengift	antídoto
Halstabletten	las pastillas para la garganta
Hustensaft	el jarabe (contra la tos)
Insektenmittel	el insecticida
Jod(tinktur)	tintura de yodo
Kondom	preservativo, el condón
Kopfschmerztabletten	las pastillas para el dolor de cabeza
Kreislaufmittel	medicamento para la circulación de la sangre
Magentropfen	las gotas para el dolor de estómago
Medikament	medicina, medicamento
Mittel	medicina, remedio
Mullbinde	gasa
Nebenwirkungen	los efectos secundarios
Ohrentropfen	las gotas para los oídos
Pflaster	esparadrapo
Pille/Pille danach	píldora anticonceptiva/píldora del día después
Rezept	la receta
Salbe	pomada
Schlaftabletten	los somníferos
Schmerztabletten	las pastillas contra el dolor
Sonnenbrand	quemadura por el sol
Tablette	pastilla, comprimido
Traubenzucker	glucosa
Tropfen	las gotas
Zäpfchen	los supositorios

FRISEUR | PELUQUERÍA

Kann ich mich für morgen anmelden?	¿Puede usted darme hora (Am un turno) para mañana?
Schneiden mit/ohne Waschen, bitte.	Cortar y lavar/Cortar sin lavar, por favor.
Nicht zu kurz, bitte.	No demasiado corto, por favor.
Etwas kürzer, bitte.	Un poco más corto, por favor.
Ganz kurz, bitte.	Muy corto, por favor.

Rasieren, bitte.	Afeitar, por favor.
Stutzen Sie mir bitte den Bart.	Córteme un poco la barba, por favor.
Vielen Dank. So ist es gut.	Muchas gracias. Está muy bien así.

Augenbrauen zupfen	depilar las cejas
Bart	barba
blond	rubio
färben	teñir
föhnen	secar
frisieren	peinar
Frisur	peinado
glätten	alisar
Haar	pelo
Haarschnitt	el corte de pelo
kämmen	peinar
Locken	los rizos (Am los rulos)
Pony	flequillo
Scheitel	raya
Schnurrbart	el bigote
Schuppen	caspa
Shampoo	el champú
Spitzen schneiden	cortar las puntas
Strähne	mecha
Stufen	las capas
tönen	dar reflejos

OPTIKER | ÓPTICO

Würden Sie mir bitte diese Brille reparieren?	¿Puede usted arreglarme estas gafas (Am estos anteojos/lentes), por favor?
Ich bin kurzsichtig/ weitsichtig.	Soy miope/hipermétrope.
Wie ist Ihre Sehstärke?	¿Cuál es su agudeza visual?
rechts ..., links ...	a la derecha…, a la izquierda…
Ich brauche ...	Necesito…
Aufbewahrungslösung	líquido para conservar lentillas
Reinigungslösung	liquido para limpiar lentillas
für harte/weiche Kontaktlinsen.	para lentes de contacto duras/blandas.
Ich suche ...	Quisiera…
Eintageslinsen.	lentillas (Am lentes) de un día.
eine Sonnenbrille.	unas gafas de sol.
ein Fernglas.	unos prismáticos.

camiseta

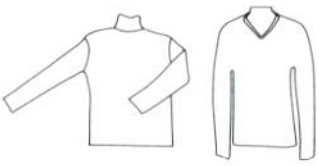
el jersey (Am el pulóver)

el suéter con capucha

chaqueta (Am saco)

el pantalón

el pantalón corto

falda

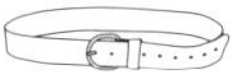
el cinturón

blusa

camisa

el blazer

chaqueta de punto,
rebeca (Am saco tejido)

el traje

vestido

el traje de chaqueta

abrigo

los leotardos;
el panty

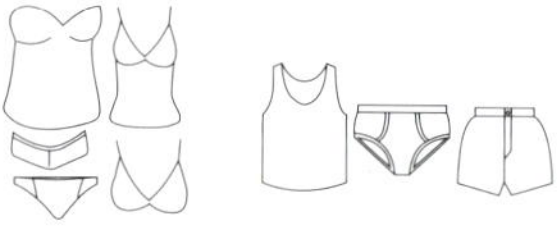
ropa interior

el albornoz

los calcetines/
las medias

el bañador,
el pantalón de baño

el traje de baño

el bikini

gorra

sombrero

los guantes

el chal,
pañuelo de cuello

EINKAUFEN

KLEIDUNG | ROPA

Können Sie mir ... zeigen?	¿Puede usted enseñarme…?
Kann ich es anprobieren?	¿Puedo probármelo?
Welche Größe haben Sie?	¿Qué talla tiene usted?
Das ist mir zu ...	Me resulta demasiado…
eng/weit.	estrecho/estrecha (Am angosto(angosta)/ ancho/ancha.
kurz/lang.	corto/corta/largo/larga.
klein/groß.	pequeño/grande.
Das passt gut. Ich nehme es.	Me va muy bien. Me lo llevo.
Das ist nicht ganz, was ich möchte.	No es exactamente lo que yo quería.
Haben Sie das auch noch in einer anderen Farbe?	¿Tendría el mismo/la misma en otro color?
Danke, ich denke nochmals darüber nach.	Gracias, pero me lo tengo que pensar.

LEBENSMITTEL | LOS COMESTIBLES

Eine ausführliche Übersicht von Lebensmitteln und Gerichten finden Sie im Kapitel ESSEN UND TRINKEN auf Seite 41 ff.

Was ist das?	¿Qué es esto?
Kann ich es probieren?	¿Podría probarlo?
Verkaufen Sie ...?	¿Venden...?
Bioprodukte	productos biológicos
Produkte aus der Region	productos de la región
Geben Sie mir bitte ...	Deme…, por favor.
ein Pfund (500 g) ...	medio kilo de…
ein Kilo ...	un kilo de…
ein Stück von ...	un trozo de…
eine Packung ...	un paquete de…
ein Glas ...	un frasco de…
eine Dose ...	un bote de…
eine Flasche ...	una botella de…
eine Einkaufstüte.	una bolsa.
Darf es sonst noch etwas sein?	¿Desea alguna cosa más?
Danke, das ist alles.	Eso es todo, gracias.
alkoholfreies Bier	cerveza sin alcohol
Aufschnitt	el embutido, los fiambres variados

Backwaren	pastelería > S. 43, 46, 51 f.
Bier	cerveza > S. 45, 53
Biokost	comida orgánica
Brot	el pan > S. 43, 46
Butter	mantequilla (Am manteca) > S. 43, 46
Eier	los huevos > S. 43, 46
Eis(creme)	helado > S. 51
Essig	el vinagre
Fisch	pescado > S. 45, 47 f.
Fleisch	la carne > S. 44, 48 f.
frisch	fresco
Gebäck	las pastas, las galletas > S. 43, 51 f.
Geflügel	aves > S. 44, 48 f.
Gemüse	las verduras > S. 41, 49 f.; (Hülsenfrüchte) las legumbres
Getränke	las bebidas > S. 45, 52 f.
Gewürze	especias
Hähnchen	pollo > S. 44
Joghurt	el yogur > S. 43, 46
Kaffee	el café > S. 45 f., 52
Käse	queso > S. 43, 46, 51
Kekse	las galletas, pastas
Knoblauch	ajo
Konserven	las conservas
(ohne) Konservierungsstoffe	(sin) conservantes
Kuchen	la tarta, el pastel > S. 43, 51 f.
Limonade	limonada
Margarine	margarina
Marmelade	mermelada > S. 46
Mayonnaise	mayonesa
Mehl	harina
Milch	la leche > S. 43, 46
fettarme Milch	la leche semidesnatada
Milchprodukte	productos lácteos > S. 43, 46
Mineralwasser	(el) agua mineral > S. 45, 52
Nudeln	la pasta
Nüsse	los frutos secos > S. 43
Obst	fruta > S. 42, 46, 50 f.
Öl	el aceite
Orangensaft	zumo de naranja > S. 52
Pfeffer	pimienta
Sahne	crema, nata
Salat	ensalada > S. 41, 49 f.

Salz	la sal
Schokolade	el chocolate
Schokoriegel	barra/barrita de chocolate
Senf	mostaza
Suppe	sopa > S. 47
Süßigkeiten	los dulces, las golosinas > S. 51 f.
Tee	el té > S. 43, 45 f.
Teebeutel	bolsita de té
Toast	tostada > S. 43, 46
Vollkorn	integral
Wein	vino > S. 52
Wurst	embutido > S. 44
Würstchen	salchicha
(ohne) Zucker	(sin) azúcar

SCHMUCKWAREN | JOYAS Y BISUTERÍA

Meine Uhr geht nicht mehr. Können Sie mal nachsehen?	Mi reloj no funciona. ¿Puede usted mirar lo que tiene?
Ich möchte ein schönes Andenken/Geschenk.	Busco un recuerdo/regalo bonito.

Anhänger	el colgante
Armband	pulsera, el brazalete
Armbanduhr	el reloj de pulsera
Brosche	el broche
echt	legítimo
(Edel-)Stein	piedra (preciosa)
Gold	oro
Kette	el collar, cadena
Kristall	el cristal (de roca)
Modeschmuck	bisutería
Ohrringe	los pendientes (Am los aretes)
Perle	perla
Ring	anillo
Schmuck	las joyas
Silber	plata
wasserdicht	resistente al agua

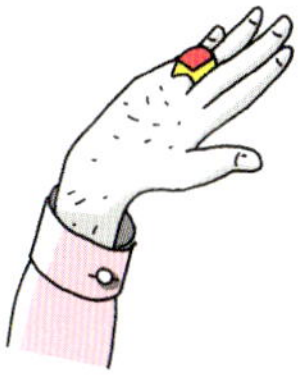

SCHUHGESCHÄFT | ZAPATERÍA

Ich hätte gern ein Paar ...schuhe.	Quiero un par de zapatos…
Ich habe Schuhgröße ...	Calzo el número…
Sie sind zu eng/weit.	Son demasiado estrechos/estrechas/anchos/anchas.

(mit) Absatz	(con) tacón
Damenschuh	zapato de mujer
Gummistiefel	las botas de goma
Leder-/Gummisohle	suela de cuero/goma
Männerschuh	zapato de caballero
Mokassin	el mocasín
Sandalen	las sandalias
Schuhe	los zapatos
Schuhcreme	el betún
Stiefel	las botas
Turnschuhe	las zapatillas de deporte
Wander-/Trekkingschuh	bota de monte/de trekking

SOUVENIRS | RECUERDOS

Ich hätte gern ...	Quisiera…
ein hübsches Andenken.	un recuerdo bonito.
etwas Typisches aus dieser Gegend.	algo típico de esta zona.
Ich möchte etwas nicht zu Teures.	Quisiera algo que no sea demasiado caro.
Das ist aber hübsch.	Esto es muy bonito.
Können Sie mir das bitte als Geschenk verpacken?	¿Podría envolvérmelo/a para regalo?
Danke schön, ich habe nichts gefunden(, das mir gefällt).	Gracias, pero no veo nada que me guste.

echt	auténtico
Folkloreladen	tienda de productos folclóricos

handgemacht	hecho a mano
Keramik	cerámica
Mitbringsel	recuerdo
regionale Produkte/ Spezialitäten	los productos tradicionales/ típicos
Schmuck	las joyas
Schnitzerei	tallas de madera
Textilwaren	los tejidos
Töpferwaren	los objetos de cerámica

SCHREIBWAREN UND BÜCHER | PAPELERÍA Y LIBROS

Ich hätte gern ...	Quisiera…
eine deutsche Zeitung.	un periódico alemán.
eine Zeitschrift.	una revista.
einen deutschen/englischen Roman.	una novela en alemán/inglés.
einen Kriminalroman.	una novela policíaca.
einen Reiseführer.	una guía turística.

Bleistift	el lápiz, lapicero
Briefmarke	sello (Am estampilla)
Briefpapier	el papel de escribir
Briefumschlag	el sobre
Klebstoff	la goma, pegamanto
Kochbuch	libro de cocina
Kugelschreiber	bolígrafo (Am lapicero de bolilla)
Landkarte	el mapa
Notizblock	el bloc/la libreta de apuntes
Papier	el papel
Postkarte	la postal
Radiergummi	goma de borrar
Roman	novela
Stadtplan	plano de la ciudad
eine Wanderkarte dieser Gegend	un mapa de senderismo de esta zona
Zeichenblock	el bloc/el cuaderno de dibujo
Zeitschrift	revista
Zeitung	periódico

> ZIMMER MIT AUSSICHT

Ob WLAN im Hotel, die Kinderbetreuung in der Ferienanlage, die Rechnung per Kreditkarte – alles nur eine Frage des Service. Äußern Sie Ihre Wünsche!

AUSKUNFT

> Reiseplanung: Seite 8 f.

Können Sie mir bitte ...	Perdón, señor/señora.
empfehlen?	¿Podría usted recomendarme…
ein gutes Hotel/eine Pension	un buen hotel/una pensión?
eine Jugendherberge	un albergue juvenil?
einen Campingplatz	un camping?
Können Sie mir bitte etwas in der Nähe empfehlen?	¿Podría recomendarme algo por aquí/acá cerca?

ÜBER NACHTEN

... IM HOTEL

REZEPTION | LA RECEPCIÓN

Ich habe ein Zimmer reserviert. Ich heiße ...	He reservado una habitación. Me llamo…
Haben Sie noch Zimmer frei ...	¿Tienen ustedes habitaciones libres…
... für eine Nacht?	… para una noche?
... für zwei Tage?	… para dos días?
... für eine Woche?	… para una semana?

Nein, wir sind leider vollständig belegt.	Lo siento, está todo ocupado.
Ja, was für ein Zimmer wünschen Sie?	Sí. ¿Qué clase de habitación desea usted?
ein Einzelzimmer	una habitación individual
ein Doppelzimmer	una habitación doble
mit Dusche	con ducha
mit Bad	con baño
ein ruhiges Zimmer	una habitación tranquila
mit Blick aufs Meer	con vista(s) al mar
Ich nehme es.	Me lo quedo.
Kann ich das Zimmer ansehen?	¿Podría ver la habitación?
Können Sie noch ... dazustellen?	¿Pueden ustedes poner…
ein weiteres Bett	otra cama?
ein Kinderbett	una cama para un niño?
Haben Sie WLAN/ein Babyfon?	¿Tienen (conexión) wifi/un vigilabebés?
Was kostet das Zimmer mit ...	¿Cuánto cuesta la habitación con…
Frühstück?	desayuno?
Halbpension?	media pensión?
Vollpension?	pensión completa?
Ab wann gibt es Frühstück?	¿Desde qué hora se puede desayunar?
Wo ist das Restaurant?	¿Dónde está el restaurante?
Wecken Sie mich bitte morgen früh um ... Uhr.	Haga el favor de despertarme mañana a las…

> Frühstück: ESSEN UND TRINKEN auf Seite 46

BEANSTANDUNGEN | RECLAMACIONES

Das Zimmer ist nicht gereinigt worden.	La habitación no está limpia.
Die Dusche ...	La ducha…
Die Spülung ...	La cisterna/descarga de agua…
Die Heizung ...	La calefacción…
Das Licht ...	La luz…
funktioniert nicht.	no funciona.
Es kommt kein (warmes) Wasser.	No sale agua (caliente).
Die Toilette/Das Waschbecken ist verstopft.	El baño/El lavabo está atascado (Am tapado).

ABREISE | PARTIDA

Wann muss ich spätestens auschecken?	¿A qué hora tengo que dejar la habitación?
Kann ich mein Gepäck (bis heute Abend) hierlassen?	¿Podría dejar aquí mi equipaje (hasta esta tarde/noche)?
Ich reise heute Abend/morgen um ... Uhr ab.	Me marcho esta tarde/mañana a las…
Machen Sie bitte die Rechnung fertig.	Prepáreme la cuenta, por favor.
Nehmen Sie Kreditkarten?	¿Aceptan ustedes tarjetas de crédito?
Vielen Dank für alles. Auf Wiedersehen.	Muchas gracias por todo. Adiós.

Abendessen	cena
Babyphone	el intercomunicador (para bebés)/el vigilabebés
Babysitter	el/la babysitter
Bademantel	el albornoz
Badezimmer	cuarto de baño
barrierefrei	accesible para personas con discapacidad
Bett	cama
Bettwäsche	ropa de cama
Bügeleisen	plancha
Dusche/Duschsitz	ducha/silla de ducha
Etage	piso

WIE DIE EINHEIMISCHEN

Insider Tipp

Wer führt was im Schilde?

Die unterschiedlichen Kategorien sind am Eingang der jeweiligen Unterkunft nicht nur mit Sternen, sondern auch durch Buchstaben ausgeschildert. So bedeutet ein einfaches „H" *Hotel*. „HR" steht für *Hotel Residencia*, ein Hotel ohne Restaurant. „HS" steht für *Hostal*, ein Gästehaus – auch dort findet sich oft kein Restaurant. Spanische Pensionen sind durch „P" (für *Pensión*) oder „F" (für *Fonda*) gekennzeichnet. *Moteles* führen ein „M" im Schilde und „PT" weist einen *Parador* aus – ein staatlich betriebenes, komfortables und stilvolles Hotel in einem meist historischen Gebäude (Kloster, Festung, Schloss etc.). Die Anzahl der Sterne gibt nicht unbedingt Auskunft über die Güte eines Hauses. Verlassen Sie sich lieber auf Empfehlungen und Erfahrungsberichte.

Die MARCO POLO Reiseführer zu Spanien bieten Ihnen sicher eine gute Entscheidungshilfe. Besondere Tipps finden Sie auch auf www.marcopolo.de

Fenster	ventana
Frühstück	desayuno
Frühstücksraum	sala de desayuno
Halbpension	media pensión
Handtuch	toalla
Hauptsaison	temporada alta
Heizung	la calefacción
Kinderbetreuung	guardería infantil
Kinderbett	cama de niño
Klimaanlage	el aire acondicionado
Kopfkissen	almohada
Lampe	lámpara
Mittagessen	comida, almuerzo
Nachsaison	temporada baja
Nachttisch	mesita de noche
Nachttischlampe	lámpara de mesita de noche
Pension	la pensión
Portier	portero
Powernap	siesta reparadora
Radio	la radio
reinigen	limpiar
(Sofort-)Reinigung (Kleidung)	servicio de tintorería/limpieza (en el acto) (ropa)
Reservierung	reserva
Restaurant	el restaurante
Rezeption	la recepción
rollstuhlgerecht	accesible para sillas de ruedas
Safe	caja fuerte
Schlüssel	la llave
Schrank	armario
Spielzimmer	habitación de juego para niños
Steckdose	(caja de) el enchufe
Stecker	clavija de enchufe
Toilette	los servicios, baño
Toilettenpapier	el papel higiénico
Übernachtung (mit Frühstück)	alojamiento (con desayuno)
Vollpension	la pensión completa
Vorsaison	temporada baja
Waschbecken	lavabo
Wasser	(el) agua
kaltes Wasser	(el) agua fría
warmes Wasser	(el) agua caliente
Zimmer	la habitación (Am pieza)
Zimmermädchen	camarera (del hotel)
Zwischenstecker	el enchufe intermedio

ÜBERNACHTUNG

... IM FERIENHAUS

Reiseplanung: Seite 8

Sind Bettwäsche und Handtücher vorhanden?	¿Hay ropa de cama y toallas?
Sind Haustiere erlaubt?	¿Admiten ustedes animales domésticos?
Wo bekommen wir die Schlüssel für das Haus?	¿Dónde nos entregan las llaves para la casa?
Müssen wir die Endreinigung selbst übernehmen?	¿Tenemos que encargarnos nosotros de la limpieza final?
Wohin kommt der Müll?	¿Dónde se tira la basura?
Gibt es hier ein Lebensmittelgeschäft?	¿Hay algún supermercado por aquí?

Anreisetag	el día de llegada
Anzahlung	pago anticipado/de garantía
Appartement	apartamento (Am departamento)
Endreinigung	limpieza final
Etagenbett	las literas
Ferienanlage	la urbanización de vacaciones
Ferienhaus	casa de vacaciones
Ferienwohnung	piso (Am apartamento) de vacaciones
Flaschenöffner	el abrebotellas
Geschirrtuch	paño de cocina
Hausbesitzer	dueño de la casa
Haustiere	los animales domésticos
Herd	cocina
Kaution	depósito
Kochnische	la minicocina
Korkenzieher	el sacacorchos
Kühlschrank	nevera
Miete	el alquiler
Müll	basura
Mülltrennung	la separación de basuras
Nebenkosten	los gastos adicionales
Schlafcouch	el sofá cama
Schlafzimmer	dormitorio
Schlüssel	la llave
Strom	la corriente, la electricidad
vermieten	alquilar
Wohnzimmer	cuarto de estar

ÜBERNACHTUNG

plato

vaso/los vasos

taza/las tazas

huevera

el tenedor

cuchara

cuchillo

cucharilla (de café)

cuchara (mezcladora), el cucharón

paleta, espátula

el chucharón

el batidor (manual)

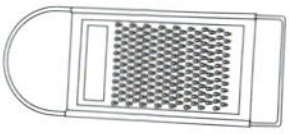
el rallador

tabla de cortar

el colador

batidora, el batidor

olla, cazuela

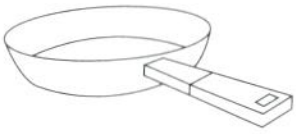
la sartén

la fuente/las fuentes

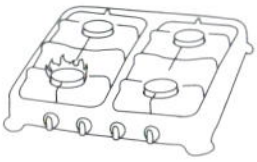
cocina de gas

horno

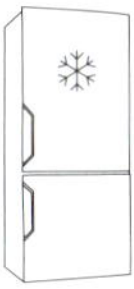
nevera

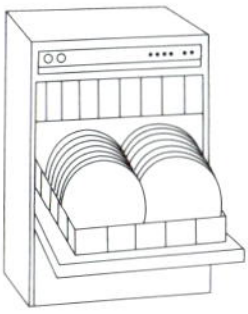
el lavaplatos, el lavavajillas

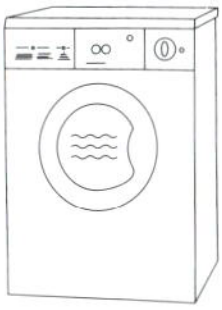
lavadora

hervidora

cafetera

filtro de café

el tostador

aspiradora

fregona

plancha

cuerda de la ropa

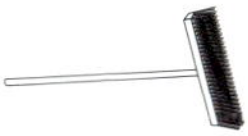
escoba

el recogedor

el detergente, producto de limpieza

cubo (Am el balde)

... AUF DEM CAMPINGPLATZ

Haben Sie noch Platz für einen Wohnwagen/ein Zelt?	¿Tienen ustedes sitio para una caravana (Am una casa rodante)/una tienda (Am una carpa)?
Wie hoch ist die Gebühr pro Tag und Person?	¿Cuánto cuesta por día y por persona?
Wie hoch ist die Gebühr für ...	¿Cuánto se paga por…
das Auto?	un coche (Am un carro)?
den Wohnwagen?	una caravana (Am una casa rodante)?
das Wohnmobil?	una autocaravana?
das Zelt?	una tienda (Am una carpa)?
Wir bleiben ... Tage/ Wochen.	Pensamos quedarnos… días/semanas.
Vermieten Sie stationäre Wohnwagen?	¿Alquilan ustedes caravanas estacionadas?
Wo sind ...	¿Dónde están…
die Toiletten?	los servicios?
die Waschräume?	los lavabos?
die Duschen?	las duchas?
Gibt es hier Stromanschluss?	¿Hay aquí corriente eléctrica?
Wo kann ich Gasflaschen umtauschen?	¿Dónde puedo cambiar botellas de butano (Am garrafas de gas)?

Abfallbeutel	bolsa de la basura
Alufolie	el papel de aluminio
Benutzungsgebühr	tasa de utilización
Brennspiritus	el alcohol de quemar
Camping	el camping
Campingplatz	el camping
Dosenöffner	el abrelatas
Essbesteck	los cubiertos
Flaschenöffner	el abrebotellas
Gasflasche	bombona (Am garrafa) de gas
Gaskocher	horno de gas
Geschirrspülbecken	fregadero
Grill	parrilla, barbacoa
Grillanzünder	el encendedor
Grillkohle	el carbón de parrilla
Hammer	martillo
Hering	estaquilla
Kerzen	velas
Kocher	hornillo, horno
Korkenzieher	el sacacorchos

ÜBERNACHTUNG

leihen	(verleihen) prestar; (sich ausleihen) pedir prestado
Leihgebühr	el alquiler
Papierservietten	las servilletas de papel
Petroleum	petróleo
Petroleumlampe	lámpara de petróleo
Plastikbeutel	bolsa de plástico
Schlafsack	saco de dormir
Sonnenschirm	sombrilla
Spaten	pala
Spülmittel	el detergente
Spültuch	paño para fregar
Steckdose	(caja de) el enchufe
Stecker	clavija de enchufe
Strom	la corriente, la electricidad
Stromanschluss	toma de corriente
Taschenlampe	linterna
Taschenmesser	navaja
Trinkwasser	(el) agua potable
Voranmeldung	previo aviso
Wäscheklammern	las pinzas de la ropa
Waschmittel	el detergente
Wasser	(el) agua

... IN DER JUGENDHERBERGE

Kann ich bei Ihnen Bettwäsche leihen?	¿Me pueden prestar ropa de cama?
Die Eingangstür wird um 24 Uhr abgeschlossen.	La puerta de entrada se cierra a medianoche.

Bettwäsche	ropa de cama
Internet	el internet
Jugendherberge	el albergue juvenil
Jugendherbergsausweis	el carné de albergues juveniles
Küche	cocina
Mitgliedskarte	la tarjeta de/el carné de socio
Schlafsaal	dormitorio
Schlafsack	saco de dormir
Waschraum	los lavabos

> WAS UNTERNEHMEN WIR?

Ob authentischer Kochkurs, spannende Wandertour oder großartiger Theaterabend: Die nächsten Seiten helfen Ihnen dabei, jede Menge Urlaubsabenteuer zu erleben.

AUSKUNFT

Ich möchte einen Stadtplan von ... haben.	Quisiera un mapa de…
Welche Sehenswürdigkeiten gibt es hier?	¿Qué cosas dignas de verse hay aquí?
Gibt es Stadtrundfahrten?	¿Hay visitas organizadas de la ciudad?
Was kostet denn die Rundfahrt, bitte?	¿Cuánto cuesta el billete (Am boleto), por favor?

VOLLES PROGRAMM

SEHENSWÜRDIGKEITEN/MUSEEN

Wann ist das Museum geöffnet?	¿A qué horas está abierto el museo?
Wann beginnt die Führung?	¿A qué hora comienza la visita con guía?
Gibt es auch eine Führung auf Deutsch/Englisch?	¿Se ofrecen visitas guiadas en alemán/inglés?
Ist das …?	¿Es este/esta/esto…?
Darf man hier fotografieren?	¿Se pueden hacer fotografías aquí?

Altar	el altar
Altstadt	la ciudad vieja
Architektur	arquitectura
Audioguide	audioguía
Ausgrabungen	las excavaciones
Ausstellung	la exposición
Besichtigung	visita
Bild	pintura, cuadro
Bildhauer	el escultor
Burg	castillo
Denkmal	monumento
Dom (Kirche)	la catedral
Festung	fortaleza; ciudadela
Fremdenführer	el guía (turístico)
Friedhof	cementerio
Führung	visita guiada
Galerie	galería
Gebäude	edificio
Gemälde	pintura, cuadro
Gottesdienst	misa
Kaiser/in	el emperador/la emperatriz
Kapelle	capilla
Kathedrale	la catedral
Kirche	iglesia
König/in	el rey/reina
Malerei	pintura
Maler/in	el pintor/la pintora
Museum	museo

WIE DIE EINHEIMISCHEN

Insider Tipp

Wo steckt der Schlüssel?

Viele Kirchen, besonders auf dem Land, sind außerhalb der Gottesdienste geschlossen. Möchte man dennoch gerne einen Blick reinwerfen, dann ist in den häufigsten Fällen der Schlüssel dafür im *Casa Parroquial*, im Pfarrhaus, erhältlich. Es kann auch vorkommen, dass der Schlüssel in der Nachbarschaft der Kirche, in einem Geschäft oder in einer Bar aufbewahrt wird. Da hilft nur fragen, fragen und noch mal fragen: *Perdón, ¿podría decirme quién tiene la llave de la iglesia?*

VOLLES PROGRAMM

Plastik	escultura
Platz	plaza
Rathaus	ayuntamiento
Religion	la religión
restaurieren	restaurar
Ruine	ruina
Schloss	castillo, palacio
Sehenswürdigkeiten	los monumentos
Stadtrundfahrt	visita de la ciudad, las excursiones
Tagesausflug	la excursión de un día
Turm	la torre
Wallfahrtsort	el lugar de peregrinación

AUSFLÜGE

Wann treffen wir uns?	¿Cuándo quedamos?
Wo fahren wir los?	¿De dónde salimos?
Kommen wir am/an ... vorbei?	¿Pasamos por…?
Besichtigen wir auch ...?	¿Vamos a visitar también…?
Wann fahren wir zurück?	¿Cuándo regresamos?

Ausflug	la excursión
Aussichtspunkt	el mirador, punto de observación
Bergdorf	pueblo de montaña
Botanischer Garten	el jardín botánico
Fischerhafen	puerto de pescadores
Fischerort	el lugar de pesca
Inselrundfahrt	visita (guiada) de la isla
Landesinnere	el interior (del país)
Landschaft	el paisaje
Markt	mercado
Markthalle	mercado (cubierto)
Meer	el mar
Naturschutzgebiet	reserva natural/ecológica
Plantagen	las plantaciones
See	lago
Tagesausflug	la excursión de un día
Wald	el bosque
Wallfahrtsort	el lugar de peregrinación
Wasserfall	catarata, cascada
Wildpark	reserva de animales
Zoo	el zoo, el parque zoológico

AM ABEND

KNEIPE/BAR/CLUB | BAR/CLUB

Was ist ... los?	¿Qué se puede hacer...
dieses Wochenende	este fin de semana?
heute Abend	hoy por la tarde/noche?
Was kann man hier abends unternehmen?	¿Qué se puede hacer por aquí por las tardes?
Gibt es hier eine gemütliche Kneipe?	¿Hay por aquí un bar acogedor?
Wo kann man hier tanzen gehen?	¿Dónde se puede ir aquí a bailar?
Welche Musikrichtung wird hier gespielt?	¿Qué tipo de música tocan?
Ein Bier (vom Fass), bitte.	Una caña/una cerveza de barril, por favor.
Ein Glas Rotwein, bitte.	Un vino tinto, por favor.
Das Gleiche noch einmal.	Otro, por favor.
Diese Runde übernehme ich.	Esta ronda la pago yo.
Wollen wir tanzen?	¿Bailamos?
Wo kann man hier Zigaretten kaufen?	¿Donde se puede comprar cigarillos?

ausgehen	salir
Band	banda, conjunto
Bar	(Lokal) el bar; (Nachtlokal) el club (nocturno)
Club/Diskothek/Nachtclub	el club/discoteca/el club (nocturno)
Folkloreabend	espectáculo folclórico
Folkloremusik	música de baile
Kneipe	el bar
Livemusik	música en directo
Party	la fiesta
Schwulen-/Lesbenszene	movida gay/para lesbianas
Show	espectáculo
Spielcasino	casino
tanzen	bailar

THEATER/KONZERT/KINO | TEATRO/CONCIERTO/CINE

Haben Sie einen Veranstaltungskalender für diese Woche?	¿Tienen ustedes un programa de espectáculos para esta semana?

VOLLES PROGRAMM

Was läuft morgen Abend im Kino?	¿Qué hay mañana por la tarde en el cine?
Können Sie mir ein gutes Theaterstück empfehlen?	¿Puede usted recomendarme una buena obra de teatro?
Wann beginnt die Vorstellung?	¿A qué hora comienza la representación?
Wo bekommt man Karten?	¿Dónde se pueden adquirir los billetes (Am boletos)?
Bitte zwei Karten für heute Abend.	Dos entradas (Am boletos) para esta noche, por favor.
Bitte zwei Plätze zu ...	Dos entradas para…, por favor.
Kann ich bitte ein Programm haben?	¿Me puede dar un programa?

Ballett	el ballet
Eintrittskarte	entrada, el billete
Film	película, el film
Garderobe	el guardarropa
Kasse	caja
Kino	el cine
Konzert	concierto
Musical	comedia musical, el musical
Oper	ópera
Premiere	estreno
Prozession/Umzug	la procesión/el desfile
Schauspiel	espectáculo; teatro
Theater	teatro
Veranstaltungskalender	calendario de actos
Vorstellung	espectáculo, la sesión
Vorverkauf	venta anticipada

WIE DIE EINHEIMISCHEN

Insider Tipp

Die Nacht zum Tag machen

Das spanische Nachtleben beginnt sehr spät. Vor 22.00 Uhr ist in Szene-Bars nichts los. Diskotheken und Clubs füllen sich erst nach Mitternacht und haben bis weit in den Morgen geöffnet.

Wer dann noch nicht genug hat, kann zum krönenden Abschluss heiße Schokolade mit *churros* (frittiertem Spritzgebäck) frühstücken.

auch Speisekarte, Seite 53

FESTE/VERANSTALTUNGEN | FIESTAS/CELEBRACIONES

Könnten Sie mir bitte sagen, wann das ...-Festival stattfindet?	¿Me podría decir cuándo es… el festival de…?
Vom ... bis ...	Del… al…
Jedes Jahr im August.	Cada año en agosto.
Alle 2 Jahre.	Cada dos años.
Kann jeder teilnehmen?	¿Puede participar cualquiera?

Dorffest	fiesta local/del pueblo
Kirmes (Johannisfest; Petrusfest)	verbena (San Juan; San Pedro)
Prozession (Karwoche)	la procesión (de Semana Santa)
Spanien-(Rad-)Rundfahrt	Vuelta Ciclista a España
Stadtfest	fiesta mayor
Stierkampf	la corrida de toros
festlicher Umzug/ Reiterumzug	el desfile/la cabalgata
Dreikönigsumzug	Cabalgata de Reyes
Zirkus	circo

STRAND UND SPORT

AM STRAND | EN LA PLAYA

Ist die Strömung stark?	¿Es fuerte la corriente?
Ist es für Kinder gefährlich?	¿Es peligroso para los niños?
Wann ist Ebbe/Flut?	¿A qué hora es la marea baja/alta?

Bademeister/in	el/la vigilante
Badestrand	playa
Dusche	ducha
Kiosk	quiosco
Kurs	curso
Liegestuhl	tumbona
Qualle	medusa
Sand	arena
schwimmen	nadar
Sonnenschirm	sombrilla
Strömung	la corriente
Umkleidekabinen	los vestidores

VOLLES PROGRAMM

AKTIVURLAUB/SPORT | VACACIONES ACTIVAS/DEPORTE

Welche Sportmöglichkeiten gibt es hier?	¿Qué posibilidades hay aquí de hacer deporte?
Gibt es hier ein/eine ...	Hay por aquí un/una...?
Wo kann ich ... ausleihen?	¿Dónde puedo alquilar...?
Ich möchte einen ...kurs für Anfänger/Fortgeschrittene machen.	Me gustaría hacer un curso de... de principiantes/avanzados.

Eintrittskarte	entrada, el billete
gewinnen	ganar
Mannschaft	equipo
Niederlage/verlieren	derrota/perder
Rennen	carrera
Schiedsrichter/in	árbitro/árbitra
Sieg	victoria
Spiel	juego, partido
unentschieden	empatado(s)
Wettkampf	la competición

WASSERSPORT DEPORTE ACUÁTICO

Bootsführerschein	el carné naútico
Bootsverleih	el aquiler de barcas
Canyoning	descenso de barrancos
Freibad/Hallenbad	piscina al aire libre/piscina interior
Hausboot	la embarcación habitable
Kanu	canoa, piragua
Motorboot	(lancha) motora
Regatta	regata

WIE DIE EINHEIMISCHEN

Insider Tipp

Strandleben

Eine südliche Besonderheit sind die *vendedores ambulantes*, die am Strand auf und ab ziehenden Verkäufer von Getränken, Sonnenöl, Sonnenbrillen, Sonnenschirmen, Spielzeug, Zeitschriften, kurz allem, was zu einem erlebnisreichen Strandbesuch gehören kann.

Zum spanischen Strand gehören die *chiringuitos*, Strandkneipen, häufig mit Terrassen für den Sommer, in denen typischerweise Fisch und Meeresfrüchte sowie kühle Getränke serviert werden.

Ruderboot	barca de remos
Schlauchboot fahren	el bote neumático
Segelboot	barco de vela
Segeln/Segeltörn	la navegación a vela/la excursión en velero
Surfbrett	tabla deslizadora/de surf
Surfen	practicar el surf
Tretboot	barca de pedales
Wasserski	el esquí acuático
Wasserskooter	moto de agua/acuática
windsurfen	practicar el windsurf

TAUCHEN BUCEO

Neoprenanzug	el traje isotérmico/de neopreno
Sauerstoffgerät	botella de oxígeno
schnorcheln	nadar con tubo de buceo
Schwimmflossen	las aletas (de natación)
Taucherausrüstung	equipo de buceo
Taucherbrille	las gafas de buceo
Tauchschule	escuela de buceo

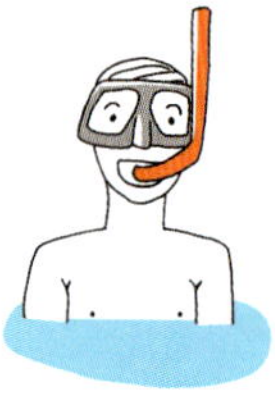

ANGELN PESCA

Wo kann man hier angeln?	¿Dónde se puede pescar a caña.
Angel	caña de pescar
angeln	pescar con caña
Angelschein	licencia de pesca
Hochseefischen	pesca marítima/de altura
Köder	el cebo
Schonzeiten	veda

BALLSPIELE JUEGOS DE PELOTA

Ball	pelota, (großer Ball) el balón
Basketball	baloncesto
Fußball	el fútbol
Fußballmannschaft	equipo de fútbol
Fußballplatz	campo (Am cancha) de fútbol
Fußballspiel	partido de fútbol
Netz	la red
Tor	portería
Torwart/Torfrau	portero/portera
Volleyball	el balonvolea

TENNIS UND ÄHNLICHES TENIS ETC.

Badminton	el bádminton
Einzel/Doppel	el (partido) individual/el doble

VOLLES PROGRAMM

Squash	el squash
Tennis	el tenis
Tennisschläger	raqueta (de tenis)
Tennishalle	pista de tenis cubierta
Tennisplatz	pista de tenis
Tischtennis	el ping-pong, el tenis de mesa

FITNESS- UND KRAFTTRAINING EJERCICIO FÍSICO Y DE FUERZA

Aerobic	el aerobic
Faszientraining	el fitness fascial
Fitnessarmband	pulsera de actividad
Fitnesscenter	gimnasio
Indoor-Cycling	el spinning
joggen	correr
Krafttraining	ejercicio de fuerza
Yoga/Pilates	el yoga/el pilates
Zumba	zumba

WELLNESS WELLNESS

Akupressur	la acupresión
Aromatherapie	aromaterapia/terapia con aromas
Bäder	baños
Beautybehandlung	tratamiento de belleza
Dampfbad	baño de vapor
Diätkost	alimentos dietéticos
Hamam	baños turcos
Maniküre/Pediküre	manicura/pedicura
Massage	el masaje
Peeling	el peeling
Sauna	sauna
Solarium	solario

RADFAHREN MONTAR EN BICICLETA

E-Bike	bicicleta electrónica
Fahrrad	bicicleta
Fahrradhelm	casco de bicicleta
Fahrradweg	pista para bicicletas
Flickzeug	los parches y el pegamento
Luftpumpe	bomba de aire
Mountainbike	bicicleta de montaña, el mountain bike
Rad fahren	montar (Am andar) en bicicleta
Radtour	la excursión en bici(cleta)
Rennrad	bicicleta de carreras
Schlauch	neumático

WANDERN UND BERGSTEIGEN SENDERISMO Y MONTAÑISMO

Ich möchte eine Bergtour machen.	Quisiera hacer una excursión por las montañas.
Können Sie mir eine interessante Route auf der Karte zeigen?	¿Puede usted indicarme en el mapa un itinerario interesante?
Bergführer	el/la guía de montaña
Fernwanderweg/Jakobsweg	sendero europeo/Camino de Santiago
Route	ruta
Seilbahn	el funicular, teleférico
Sicherungsseil	soga de seguridad
Tagestour	la excursión de un día
Wanderkarte	el mapa
Wanderweg	sendero

REITEN MONTAR A CABALLO

Ausritt	paseo a caballo
Pferd	caballo
reiten	montar a caballo
Reiterferien	las vacaciones a caballo
Reitschule	escuela de equitación

GOLF GOLF

18-Loch-Platz	campo de 18 hoyos
Abschlag	punto de salida
Golfschläger	raqueta de golf
Parcours	campo de golf
Tagesbesucher/in	el/la visitante

IN DER LUFT AL AIRE LIBRE

Drachenfliegen	vuelo libre, ala delta
Fallschirmspringen	paracaidismo
Gleitschirm	el casquete de parapente
Paragliding	el parapente
Segelfliegen	volar a vela

WINTERURLAUB VACACIONES DE INVIERNO

Eine Tageskarte, bitte.	Un forfait, por favor.
Um wie viel Uhr ist die letzte Bergfahrt/Talfahrt?	¿A qué hora es la última subida/bajada?
Eisbahn	pista de hielo
Eishockey	el hockey sobre hielo

VOLLES PROGRAMM

Langlauf	el esquí de fondo
Schlitten	trineo
Sessellift	el telesquí
Schlittschuhe	los patines de hielo
Schlittschuh laufen	patinar sobre hielo
Ski	el esquí
Ski laufen	esquíar
Skibindung	la fijación (de los esquís)
Skibrille	las gafas de esquí
Skikurs	curso de esquí
Skistöcke	los bastones de esquí
Snowboard	el snowboard
Snowbike	el snowbike
Snowrafting	el snowrafting
Tagespass	el forfait (Am boleto) válido para un día
Wochenpass	abono semanal

KURSE

Ich interessiere mich für ...	Me interesa hacer…
einen Spanischkurs	un curso de español
für Anfänger	para principiantes.
für Fortgeschrittene	de nivel avanzado.
Sind Vorkenntnisse erforderlich?	¿Se necesitan conocimientos previos?
Bis wann muss man sich anmelden?	¿Hasta cuándo dura el período de inscripción?
Sind die Materialkosten inklusive?	¿Se incluyen los gastos de material?
Was ist mitzubringen?	¿Qué se necesita traer?

Aktzeichnen	desnudo
Aquarellmalen	pintar con acuarela
Flamenco(-Tanz)	el (baile) flamenco
Fotografieren	fotografiar
Goldschmieden	labrar orfebrería
Holzwerkstatt	el taller de carpintería
Kochen	cocinar
Malen	pintar
Ölmalerei	pintura al óleo
Tanztheater	teatro bailado
Workshop	el taller

Hier ist ja fast niemand.

(wörtl. Hier gibt es vier Katzen)

Aquí hay cuatro gatos.

> MEHR ALS NUR SPRACHE

Wenn das Wörterbuch schlappmacht und Sie nur noch Bahnhof verstehen, dann handelt es sich um einen klaren Fall von: Achtung! Slang

WERDEN SIE ZUM INSIDER

Wer kennt Sie nicht, diese Situation: Sie haben in einem fremdsprachigen Land Kontakt gefunden und lauschen angeregt den Gesprächen Ihrer neuen Freunde – und da sind sie, diese mysteriösen Worte, die bei Ihnen nur ein großes Fragezeichen hinterlassen. Denn es gibt jene Vokabeln und Wendungen, die im Wörterbuch stehen, und dann gibt es jene, die auf der Straße gesprochen werden. Aber keine Panik, auf den nächsten Seiten sind Sie mittendrin in der Sprache der Insider, wie sie im Café, in den Clubs und Bars, Shops, Hotels und Hostels, beim Smalltalk in Bus und Bahn und auf den lebendigen Plätzen der Dörfer, Städte und Metropolen gesprochen wird. Und damit auch Sie zum Insider wer-

> www.marcopolo.de/spanisch

> S. 96

ACHTUNG! SLANG

Insider Tipps

den, haben wir sie für Sie aufgespürt: die authentischen, die wichtigsten und witzigsten Slangausdrücke. Dabei gibt es jedoch Formulierungen, die Sie besser meiden sollten, denn: Manchmal ist Schweigen wirklich Gold. Auch zu beachten: Oft ist Umgangssprache lokal geprägt und die Aussprache kann von Region zu Region variieren. Aber mit ein wenig Geduld kann man sich auch in diese verschiedenen Dialekte einhören.

Wir wünschen Ihnen viel Spaß beim Lesen und beim Erweitern Ihres Wortschatzes!

BEGRÜSSUNG UND CO.

¡Buenas!	n'Abend
¡Hola macho!	Hi Alter.
¿Qué tal?	Wie geht's?
¿Qué pasa?/¿Qué hay?	Was geht?/Was läuft?
¡Chao!	Tschüss!
¡'ta logo!	Bis später!
¡Venga!	Wir sehen uns!

ANTWORTEN

¡Vale!	o.k.
¡Legal!	Stimmt.
¡Ajá!/¡Ah!	Verstehe.
¡Guau!	Wow!
¡Caray!/¡Joder!	Donnerwetter!
Ni (puta) idea.	Weiß nicht./Keine Ahnung.
Me importa un comino/rábano/ pimiento/pepino.	Das ist mir total schnuppe. (wörtl. Das interessiert mich eine(n) Kümmel/Rettich/ Paprika/Gurke)
Me la trae floja./Me la suda./Me la pela.	Das ist mir egal/scheißegal.
Paso/Ni putas ganas.	Ich hab keine Lust/keinen Bock.
¡Ni hablar (del peluquín)!	Auf keinen Fall!

... UND AUFFORDERUNGEN

¡Marchando!/¡Vamos tirando!	Los geht's!
¡Mueve el culo!	Beweg deinen Hintern!
¡Ojo!	Vorsicht!

ACHTUNG! SLANG

¡Quieto parao!	Warte mal!
¡Tranqui!	Ruhig Blut!
¡No te comas el tarro/coco!	Mach Dir keinen Kopf!
¡Ni borracho(a)!/¡Ni loco(a)!	Vergiss es!

UNTER FREUNDEN ...

pasarse por...	vorbeischauen
dar un toque (a alguien)	bei jdm durchklingeln
charlar/estar de palique	quatschen
cotillear	tratschen
estar de coña	herumblödeln
decir chorradas	Quatsch reden
fardar	angeben
un cuento chino	Lügenmärchen (wörtl. chinesisches Märchen)*
meter la pata/la gamba	ins Fettnäpfchen treten
tocar los cojones/huevos/las pelotas (a alguien)	jdm auf den Senkel/Sack gehen (wörtl. jdm an die Eier fassen)
cabrear (a alguien)	jdn verärgern/wütend machen
cabrearse con (alguien)	sich mit jdm verkrachen
aguafiestas	Spielverderber

DAS GEFÄLLT ...

¡(Qué) guay!/¡Qué chulo!	Klasse!
¡Mola!	Das ist aber cool!
¡Esto chuta!	Das geht ab!/Das rockt!
cojonudo/la hostia/la leche	großartig/fantastisch (leche wörtl. Milch)
¡Es la leche/hostia!	Das ist der Hammer!
Es lo más.	Das ist die Krönung/die Crème.
pasarlo pipa/bomba/de puta madre	Spaß haben
alucinar/flipar	ausflippen

... DAS LANGWEILT ...

nada del otro jueves	nichts Besonderes (wörtl. nichts vom vorigen Donnerstag)
soso	langweilig
ser un rollo/un muermo/un coñazo	todlangweilig sein

... UND DAS NERVT

¡Qué chorrada!	Was für ein Quatsch!
¡Qué rollo!/¡Qué mierda!	Was für ein Mist!
¡Qué gilipollez!	Das ist ja das Letzte!
¡No seas plasta/„pesao" („pesá")!	Nerv nicht! (plasta wörtl. Sei keine Knete!)
una patada en los cojones/huevos	ein herber Rückschlag (wörtl. ein Tritt in die Eier)
una putada	beschissene Situation

SCHLECHT DRAUF?

estar pachucho(a)	schlapp sein
estar hecho(a) polvo	fix und fertig/alle sein (wörtl. pulverisiert sein)*
echar una cabezadita	ein Nickerchen machen
meterse en el sobre	ins Bett gehen (wörtl. sich in den Umschlag stecken)
quedarse frito(a)	einschlafen
sobar	schlafen
no estar católico(a)	nicht gesund (wörtl. katholisch) sein
estar chungo(a)	krank sein
estar jodido(a)	sehr krank sein
estar "depre"	deprimiert sein
estar de morros	schmollen
estar "cagao"	Bammel haben
cagarse de miedo	sich vor Angst in die Hosen machen
estar de mala leche/uva	schlechte Laune haben (wörtl. von schlechter Milch/Traube sein)
estar de un humor de perros	eine Stinklaune haben (wörtl. Hundelaune)
cabrearse	einen Wutanfall haben

ACHTUNG! SLANG

ESSEN

papear/jalar	essen
tapear	Tapas essen gehen
bocata	belegtes Brötchen
flauta	extrem langes belegtes Brötchen
pincho (de tortilla)	(Tortilla-)Snack
pincho moruno	Fleischspieß
chiringuito	Imbiss(stand)
panchitos	salzige Erdnüsse
champis	Champignons
el bikini	Sandwich mit Käse und Kochschinken (warm) (wörtl. Bikini)
el pepito	Sandwich mit Fleisch
un montadito/un montao	kleines Sandwich, das mit den verschiedensten Zutaten belegt sein kann
comida rápida/comida basura	Fastfood
la gusa	Kohldampf
Tengo un hambre de mil demonios.	Ich hab einen Bärenhunger. (wörtl. den Hunger von tausend Dämonen)
Me muero de hambre.	Ich sterbe vor Hunger.
zampar/devorar	schlingen/fressen
ponerse las botas/ponerse morado	sich mit etwas vollstopfen (ponerse las botas wörtl. sich die Stiefel anziehen)
el/la de la vergüenza	Anstandshappen
la dolorosa	die Rechnung (wörtl: die Schmerzhafte)

AUSGEHEN

DRINKS

una copa	alkoholisches Getränk (wörtl. ein Glas)
una birra	ein Bier
una caña	ein Glas Bier (wörtl. Halm)
una jarra	ein Krug Bier
un quinto	kleine Flasche Bier (20 cl)
una mediana	mittlere Flasche Bier (33 cl)
la litrona	große Flasche Bier (1 Liter)
el botellón	Treffen von Jugendlichen in der Öffentlichkeit, um sich zu betrinken

una clara	Alster/Radler
un cubata	Longdrink
un chato	ein Gläschen Wein
mollate	Rotwein
tinto de verano	Rotweinschorle mit Zitronensprudel
un vino peleón	Fusel
un sol y sombra	Mischung aus Anis und Cognac
un carajillo	Espresso mit Brandy

IN DER BAR/KNEIPE

garito/bareto	Kneipe
antro/cuchitril	Spelunke
ir de copas	Kneipentour
Me muero de sed.	Ich sterbe vor Durst.
¡Marchando!	Kommt gleich!
Me toca (a mí).	Das ist meine Runde.
¡Pa' dentro!	Runter damit!
privar/mamar	Alkohol trinken
empinar el codo	regelmäßig Alkohol trinken (wörtl. den Ellenbogen heben)
colocón	Besäufnis
echar una cana al aire	einen draufmachen (wörtl. ein graues Haar in die Luft werfen)
pasar la noche en blanco	die Nacht durchmachen (wörtl. die Nacht in Weiß verbringen)
el gorila	Türsteher (wörtl. Gorilla)
Aquí hay cuatro gatos.	Hier ist ja fast niemand. (wörtl. Hier gibt es vier Katzen.)
Esto está muerto.	Hier ist nichts los.
estar a tope/estar „petao"	brechend/gerammelt voll
menear/mover el esqueleto	tanzen (wörtl. das Gerippe bewegen)

SPÄTER ...

estar achispado/piripi	einen Kleinen sitzen haben
estar pedo/llevar un pedo	sturzbetrunken sein
estar ciego(a)	stockbesoffen sein (wörtl. blind sein)*
cogorza/pedo/trompa	Rausch
una resaca	Kater
echar la pota/la papilla	sich übergeben
estar de bajón	down sein

ACHTUNG! SLANG

RAUCHEN

pito/pitillo	Kippe/Fluppe
fumar como un carretero	qualmen wie ein Schlot (wörtl. wie ein Fuhrmann)

MANN UND FRAU

LEUTE

tipo/tío	Typ (neutral) (tío wörtl. Onkel)
fulano	Kerl (etwas abwertend)
tía	Tussi/Mädel (tía wörtl. Tante)
pava	Tussi/Zicke
estar bueno(a)	gut aussehend sein
tío bueno/tía buena	knackiger Typ/knackige Frau
maruja	Klatschtante/biedere Hausfrau
parienta	Ehefrau
los viejos	die Alten (Eltern)
colega/tronco(a)	Kumpel
basca/peña	Clique

FLIRTEN UND MEHR

Me hace tilín.	Ich mag sie/ihn. (tilín wörtl. klingeling)
entrarle (a alguien)	jdn anquatschen/jdn anmachen
ligar (con alguien)/tirar la caña	mit jdm anbändeln/mit jdm flirten
besuquearse/morrearse	knutschen
morreo	Zungenkuss
estar liado(a) (con alguien)/ tener un rollo (con alguien)	mit jemanden zusammen sein

llevarse al huerto (a alguien)	jdn abschleppen
tenerla tiesa/dura	eine Latte haben
goma/funda/globo	Gummi/Präser
follar/echar un polvo/quiqui	vögeln
dar plantón	jdn versetzen (wörtl. einen Setzling geben)*
poner los cuernos	jdn betrügen (wörtl. Hörner aufsetzen)
cortar con (alguien)	mit jdm Schluss machen
Si te he visto, no me acuerdo.	Aus den Augen, aus dem Sinn.
ser un calzonazos	ein Pantoffelheld sein/ unterm Pantoffel stehen

SCHIMPFEN, LÄSTERN, FLUCHEN

STANDARDS

¡Jolín!/¡Jolines!/¡Jope!/¡Jo!	Mensch!/Mann!
¡Joder!	Verdammt (nochmal)! (wörtl. ficken)
¡Mierda!	Mist!/Scheiße!
¡Cojones!	Verdammte Scheiße! (wörtl. Eier)
¡Cierra el pico!	Halts Maul!
¡Que te den (morcilla)!/¡Que te zurzan!	Du kannst mich mal!
¡Métetelo donde te quepa!	Das kannst du dir sonst wo hinschieben.
¡Lárgate!/¡Pírate!	Hau ab!
¡Vete a freír espárragos/monas!	Geh zum Teufel! (espárragos wörtl. Geh Spargel braten!)
¡Vete a tomar por culo!	Verzieh dich!
¡Vete a la mierda/al carajo!	Verpiss dich! (carajo wörtl. Schwanz)
tomar el pelo (a alguien)	jdn veräppeln/jdn verarschen
poner verde/a parir (a alguien)	über jdn lästern

SPINNER UND TROTTEL

"pirao" (pirada)	Spinner
Es un besugo/un papanatas.	Er ist ein Trottel/eine Pappnase.
no tener ni (puta) idea de algo	(absolut (puta wörtl. Hure)) keine Ahnung von etwas haben

ACHTUNG! SLANG

No entiende ni jota.	Er hat keinen blassen Schimmer.
tonto'l culo	strohdoof (wörtl. doof bis zum Hintern)
Le falta un tornillo.	Er hat eine Schraube locker.
cruzarse los cables (a alguien)	durchdrehen
"chalao"(a)/chiflado(a)	Verrückter
estar como una cabra	total verrückt sein/spinnen (wörtl. wie eine Ziege sein)
Está mal de la azotea.	Er hat einen totalen Dachschaden.
gilipollas	Vollidiot

MEHR BELEIDIGUNGEN

un golfo	Schlitzohr
guiri	Touri
ser hortera	geschmacklos sein
pijo(a)	schickimicki
ser un bocazas	eine große Klappe haben
petardo(a)	große Klappe und nix dahinter
sabelotodo	Klugscheißer (wörtl. Alleswisser)
chulo(a)/chuleta	eingebildet/Angeber/in
ser un fantasma	ein Angeber sein
empollón (empollona)	Streber
hijo de papá	Muttersöhnchen
calzonazos	Weichei/Warmduscher
no tener huevos	feige sein (wörtl. keine Eier haben)
lamerle el culo (a alguien)	schleimen
un lameculos	Arschkriecher
ser un jeta/tener morro	frech/unverschämt sein
ser un pelma/un pelmazo/un „pesao"	eine Nervensäge sein
sacar de quicio	jdm auf den Geist gehen/total nerven
tener mala leche/uva/sangre	böswillig sein (wörtl. schlechte(s) Milch/Traube/Blut haben)

un borde	Miststück
¡Cabrón!	Arschloch! (wörtl. Ziegenbock)
hijo de puta/"joputa"	Drecksau! (wörtl. Hurensohn)
un garrulo	Proll

UNAPPETITLICHES

mierda	Dreck
el tigre/el trono	Klo (wörtl. Tiger/Thron)
hacer pipí	pinkeln
cambiarle el agua al canario/ a las olivas/a las aceitunas	eine Stange Wasser in die Ecke stellen (wörtl. das Kanarienvogel-/ Olivenwasser wechseln)
mear	pissen
tirarse un "peo"	einen fahren lassen
cagar/jiñar	kacken
echar la pota	sich übergeben

GELD

KOHLE ...

pelas/pasta/guita/parné	Kohle/Knete/Kies/Moos
pavos/eurillos/euritos	Euros (pavo wörtl. Truthahn, urspr. Dollar)
calderilla	Kleingeld

HABEN ODER NICHT

un mogollón de pasta	ein Haufen Geld
estar forrado(a)	stinkreich sein

ACHTUNG! SLANG

nadar en dinero	in Geld schwimmen
ganar una pasta gansa	ein Schweinegeld verdienen
un rata/un "agarrao" (agarrada)	Geizhals/Geizkragen
estar sin blanca/sin un duro/seco(a)	knapp bei Kasse sein/pleite sein
apretarse el cinturón	den Gürtel enger schnallen

KOSTEN ODER NICHT

¿Cuánto es la broma?	Was kostet der Spaß?
costar un riñón/un ojo de la cara	ein Vermögen kosten (wörtl. eine Niere/ein Auge des Gesichts kosten)*
carero(a)	Halsabschneider
clavar	zu viel Geld für etwas verlangen
¡Es una clavada!	Das ist aber happig!
un robo/una estafa	Abzocke
un chollo/una ganga	ein Schnäppchen
estar „tirao"	spottbillig sein

AUSGEBEN UND EINNEHMEN

regatear	feilschen
trapicheo	Schacher
timar a alguien	jdn abzocken
chorizar/mangar	abstauben
gorrear	schnorren
un gorrón/una gorrona/gorrero/a	Schmarotzer
tirar el dinero por la ventana	Geld zum Fenster rauswerfen
pulirse el dinero	sein Geld versaufen

ARBEIT

ponerse las pilas	sich aufraffen
estar al loro	kapieren/bei der Sache sein (wörtl. beim Papagei sein)
mileurista	Großverdiener (ab 1000 €//Monat)
currante	Arbeiter
currar	ackern/schuften
dar el callo/trabajar como un burro	hart arbeiten (wörtl. die Schwielen geben)
matarse a trabajar	sich totarbeiten

ser pan comido/ser coser y cantar	ein Kinderspiel sein (wörtl. gekochtes Brot/Nähen und Singen sein)
estar „chupao“	pillepalle sein
morirse de asco	sich zu Tode langweilen
chapuza	Pfusch
manazas	jd mit zwei linken Händen
cagarla	etwas vermasseln
echarle el sermón (a alguien)	jdm eine Standpauke halten
tener enchufe	Beziehungen haben (wörtl. eine Steckdose haben)*
ser un pez gordo	ein großer Fisch sein

WETTER UND STRAND

¡Menuda rasca!	Es ist sehr kalt.
¡Hace un frío que pela!	Es ist saukalt!
¡Hace un frío del carajo!	Es ist arschkalt! (wörtl. Schwanzkälte)
quedarse como un témpano	starr vor Kälte (wörtl. wie eine Eisscholle) sein
Está lloviendo a cántaros.	Es schüttet wie aus Eimern (wörtl. Tonkrüge)
estar empapado(a)/ estar calado(a) hasta los huesos	klatschnass/bis auf die Knochen durchnässt sein
el lorenzo	Sonne
un calor infernal/calor sofocante	eine Bullenhitze
el bochorno	schwüles Wetter
estar (rojo(a)) como una gamba	krebsrot sein (wörtl. rot wie eine Garnele)
darse un remojón/chapuzón	ins Wasser gehen
El agua está buena.	Das Wasser ist angenehm.

*

IMPRESSUM

Titelbild: Vektorgrafik (shutterstock/Cienpies Design)
Fotos: GettyImages: Andresr (68/69); GettyImages/Calvindexter (56 (16), 58/59 (11), 58/59 (22)); GettyImages/EyeEM: S. Arning (20/21); Getty Images/Kolostock: D./L. Jacobs (6/7); GettyImages/Plush Studios (54/55); mauritius images/Alamy: I. Chiosea (2 re., 104/105); mauritius images/John Warburton-Lee: S. Politi Markovina (3 Mi., 78/79); mauritius images/Pixtal (3 li., 36/37); mauritius images/Westend61: G. Fochesato (10/11)
Illustrationen: Mascha Greune, München
Zeigebilder/Fotos: Lazi&Lazi; Food Collection; Comstock; stockbyte; Fisch-Informationszentrum e.V.; Fotolia/Christian Jung; Fotolia/ExQuisine; photos.com
Bildredaktion: Gabriele Forst; red.sign, Stuttgart (S. 41–45)
Zeigebilder/Illustrationen: Factor Product, München; HGV Hanseatische Gesellschaft für Verlagsservice, München (S. 44/45, 56, 58/59, 62, 66, 73, 75)

9., aktualisierte Auflage 2018

Chefredaktion: Marion Zorn, MAIRDUMONT, Ostfildern
Redaktion: PONS GmbH, Stuttgart; Tamara Hub, MAIRDUMONT, Ostfildern; Barbara Pflüger, Stuttgart; trans texas publishing services GmbH, Köln
Konzept und Projektleitung: Carolin Schmid, C.C.SCHMID München
Bearbeitet von: Sonia Aliaga López, Wiesloch; M. Carmen Almendros de la Rosa, Hamburg; Anabel Martín, Guadeloupe
Satz: Fotosatz Kaufmann, Stuttgart

Kapitel Achtung! Slang
Redaktion: MAIRDUMONT, Ostfildern; Bintang Buchservice GmbH, Berlin
Autoren: Carlos Ródenas Vidiella; Carlos Romero-Garcia, Berlin

Titelgestaltung: Michael Schipke, MAIRDUMONT, Ostfildern
Innengestaltung: Zum goldenen Hirschen, Hamburg; red.sign, Stuttgart

Printed in Poland

MIX Paper FSC® C018236

> AUF ALLES VORBEREITET

Beim Arzt, bei der Polizei oder auf der Bank: Wenn's knifflig wird oder schnell gehen soll, dann hilft Ihnen dieses praktische Kapitel in jedem (Not-)Fall!

ARZT

AUSKUNFT | LA INFORMACIÓN

Können Sie mir einen guten ... empfehlen?	¿Puede usted indicarme un buen…
Arzt	médico
Augenarzt	oculista
Frauenarzt	ginecólogo

VON A BIS Z

Hals-Nasen-Ohren-Arzt	otorrinolaringólogo
Hautarzt	dermatólogo
Kinderarzt	puericultor, pediatra
Zahnarzt	dentista?
Wo ist seine Praxis?	¿Dónde está la consulta (Am el consultorio)?

> Apotheke: Seite 57, 60

BEIM ARZT | EN LA CONSULTA DEL MÉDICO

Was für Beschwerden haben Sie?	¿Qué molestias siente?
Ich habe mich verletzt.	Me he hecho una herida.
Ich habe Kopfschmerzen.	Tengo dolor de cabeza.
Ich habe Halsschmerzen.	Tengo dolor de garganta.
Ich habe Husten.	Tengo tos.
Ich bin allergisch gegen ...	Soy alérgico/a a…
Antibiotika.	los antibióticos.
Bienen.	las abejas.
Pollen.	al polen.
Ich bin gegen ... geimpft.	Estoy vacunado/a contra…
Hepatitis A/B/A und B	la hepatitis A/B/A y B.
Tetanus	el tétano.
Typhus	el tifus.
Wie oft muss ich es einnehmen?	¿Cuántas veces al día tengo que tomármelo/a?
Ich bin ...	Soy…
Diabetiker.	diabético/a.
Epileptiker.	epiléptico/a.
Wo tut es weh?	¿Dónde le duele?
Ich habe hier Schmerzen.	Me duele aquí.
Ich bin schwanger.	Estoy embarazada.
Es ist nichts Ernstes.	No es nada grave.
Können Sie mir bitte etwas gegen ... geben?	¿Podría usted darme algo contra…?
Normalerweise nehme ich ...	Normalmente tomo…

BEIM ZAHNARZT | EN LA CONSULTA DEL DENTISTA

Ich habe (starke) Zahnschmerzen.	Tengo (mucho) dolor de muelas.
Dieser Zahn (oben/ unten/ vorn/hinten) tut weh.	Me duele este diente (arriba/abajo/delante/atrás).
Ich habe eine Füllung verloren.	Se me ha perdido un empaste (Am una tapadura).
Mir ist ein Zahn abgebrochen.	Se me ha roto un diente.
Ich muss ihn plombieren.	Tengo que empastárselo.
Ich muss ihn ziehen.	Tengo que sacárselo.
Geben Sie mir bitte eine/ keine Spritze.	Póngame/No me ponga una inyección.

VON A BIS Z

IM KRANKENHAUS | EN EL HOSPITAL

Wie lange muss ich hier bleiben?	¿Cuánto tiempo tendré que quedarme aquí?
Wann darf ich aufstehen?	¿Cuándo podré levantarme?

Abszess	absceso
Aids	el sida
Allergie	alergia
ansteckend	contagioso
Arm	brazo
Asthma	el asma
Atembeschwerden	las dificultades de respiración
atmen	respirar
Auge	ojo
Ausschlag	la erupción cutánea
Bänderriss	rotura de ligamentos
Bauch	el vientre
Bein	pierna
bewusstlos	desmayado, desvanecido
Blähungen	flato
Blase	vejiga
Blinddarm	el apéndice
bluten	sangrar
Blut	la sangre
Blutdruck	la tensión (arterial)

WIE DIE EINHEIMISCHEN

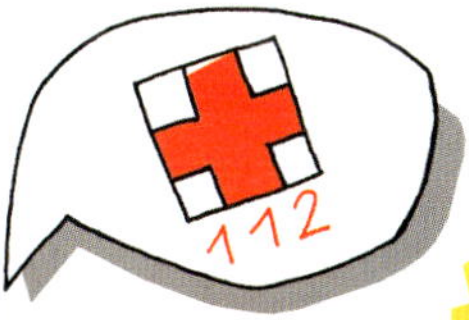

Insider Tipp

Erste Hilfe

Normalerweise geht man bei gesundheitlichen Problemen ins örtliche *ambulatorio*, dem (staatlichen) medizinischen Versorgungszentrum, in ein *centro médico* – ein privat geführtes Medizinzentrum – oder in die *urgencias*, die Notaufnahme der staatlichen Hospitale. In den staatlichen Einrichtungen muss man sich auf lange Wartezeiten gefasst machen.

Benötigt man einen Krankenwagen *(ambulancia)*, ruft man entweder den örtlichen Rettungsdienst oder man wählt die 112 – die landesweite Notrufnummer von Polizei, Feuerwehr und Krankenwagen.

Blutvergiftung	la intoxicación de la sangre
Borreliose	la borreliosis
Bronchitis	la bronquitis
Bruch	(Leistenbruch) hernia; (Knochenbruch) fractura
Brust	pecho
Bypass	el bypass
Chirurg/in	cirujano/cirujana
Darm	intestino
Diabetes	la diabetes
Durchfall	diarrea
Eiter	el pus
Empfang	la recepción
Entzündung	la inflamación
erbrechen, sich	vomitar, devolver
erkälten, sich	resfriarse
Facharzt/Fachärztin	el/la especialista
Fehlgeburt	aborto (involuntario)
Fieber	la fiebre
Finger	dedo
Fuß	el pie
Gallenblase	la vesícula
gebrochen	roto
Gehirn	cerebro
Gehirnerschütterung	la conmoción cerebral
Gehirnschlag	apoplejía, hemorragia cerebral
Gelbsucht	ictericia
Gelenk	la articulación
Geschlechtskrankheit	la enfermedad venérea
Geschlechtsorgane	los órganos genitales
geschwollen	hinchado
Geschwür	úlcera
Grippe	la gripe
Hals	cuello; (Kehle) garganta
Halsschmerzen	el dolor de garganta
Hand	la mano
Haut	la piel
Herpes	el herpes
Herz	el corazón
Herzanfall	el ataque cardíaco
Herzbeschwerden	los trastornos cardíacos
Herzfehler	defecto cardíaco
Herzinfarkt	infarto cardíaco
Herzschrittmacher	el marcapasos

Hexenschuss	lumbago
Hirnhautentzündung	la meningitis
HIV-positiv	seropositivo
Hüfte	cadera
Husten	la tos
Impfung	vacuna
Infektion	la infección
Ischias	ciática
Kinderlähmung	la polio(mielitis)
Knie	rodilla
Knöchel	tobillo
Knochen	hueso
Knochenbruch	fractura
Kolik	cólico
Kopf	cabeza
Kopfschmerzen	el dolor de cabeza
Krampf	el calambre, espasmo
krank	enfermo
Krankenhaus	el hospital, clínica
Krankenschein	el volante del seguro
Krankenschwester/ Krankenpfleger	enfermera/enfermero
Krankheit	la enfermedad
Krebs	el cáncer
Kreislaufstörung	los trastornos de la circulación
Lähmung	la parálisis
Lebensmittelvergiftung	la intoxicación
Leber	hígado
Lippe	el labio
Loch (im Zahn)	agujero (en el diente)
Lunge	el pulmón
Magen	estómago
Magenschmerzen	el dolor de estómago
Mandeln	las amígdalas
Masern	el sarampión
Menstruation	la menstruación, el período
Migräne	jaqueca
Mittelohrentzündung	la otitis media
Mumps	las paperas
Mund	boca
Muskel	músculo
Narbe	la cicatriz
Narkose	anestesia

Nase	la nariz
Nerv	nervio
nervös	nervioso
Nierenentzündung	la nefritis
Nierenstein	cálculo renal
Ohnmacht	desmayo
Ohr	oreja
Operation	la operación
Pilzinfektion	la micosis, los hongos
Plombe	el empaste (Am la tapadura)
Pocken	viruela
Praxis	consulta
Prellung	la contusión
Prothese	la prótesis
Puls	pulso
Quetschung	la contusión, magulladura
Rheuma	el reúma
Rippe	costilla
röntgen	hacer una radiografía
Röteln	rubeola
Rücken	espalda
Rückenschmerzen	los dolores de espalda
Salmonellen	las salmonelas
Schädel	cráneo
Scharlach	escarlatina
Schienbein	tibia, espinilla
Schlaflosigkeit	insomnio
Schlaganfall	el ataque de apoplejía
Schlüsselbein	clavícula
Schmerzen	los dolores
Schnittwunde	la herida, el corte
Schnupfen	constipado (Am resfrío)
Schulter	hombro
Schüttelfrost	escalofríos
schwanger/Schwangerschaft	embarazada/embarazo
Schwellung	la hinchazón
Schwindel	mareo, vértigo
schwitzen	sudar
Sonnenstich	la insolación
Speiseröhre	esófago
Sprechstunde	consulta
Spritze	la inyección

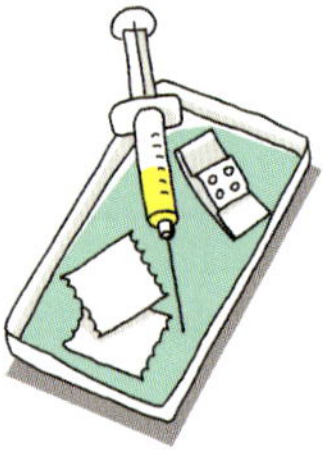

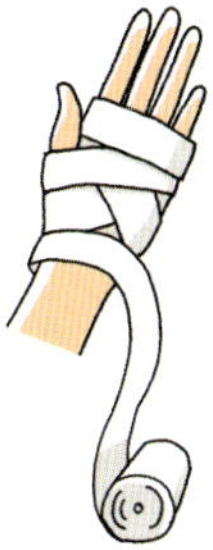

Stich	picadura; pinchazo
Stirnhöhlenentzündung	la sinusitis
Stuhlgang	la deposición
Tetanus	tétano
Trommelfell	tímpano
Typhus	el tifus
Übelkeit	las náuseas
Ultraschalluntersuchung	reconocimiento con ultrasonido
Unterleib	el vientre, el abdomen
Untersuchung	el examen
Urin	orina
Verband	los vendajes
verbinden	vendar
Verbrennung	quemadura
Verdauung	la digestión
Verdauungsstörung	la indigestión
Vergiftung	el envenenamiento, la intoxicación
Verletzung	herida
verschreiben	recetar, prescribir
verstaucht	dislocado
Verstopfung	estreñimiento
Virus	el virus
Wartezimmer	sala de espera
wehtun	doler
Windpocken	varicela
Wunde	herida
Zahn	el diente
Zecke	garrapata
Zehe	el dedo del pie
Zerrung	la distensión
ziehen (Zahn)	sacar
Zunge	lengua

BANK/GELDWECHSEL

Zahlen: Umschlagklappe vorne

Wo ist hier bitte eine Bank?	Por favor, ¿dónde hay por aquí un banco?
Ich möchte ... Schweizer Franken in Euro/Pesos wechseln.	Quisiera cambiar… francos suizos en euros/pesos.

Wie ist heute der Wechselkurs?	¿Cómo está hoy el cambio?
Ich möchte diesen Reisescheck einlösen.	Quisiera cobrar este cheque de viaje.
Auf welchen Betrag kann ich ihn maximal ausstellen?	¿Cuál es el importe máximo posible?
Darf ich bitte Ihren Ausweis/ Pass sehen?	¿Puedo ver su carné de identidad/pasaporte?
Würden Sie bitte hier unterschreiben?	¿Quiere firmar aquí, por favor?
Gehen Sie bitte zur Kasse.	Vaya a la caja.
Der Geldautomat akzeptiert meine Karte nicht.	El cajero automático no acepta mi tarjeta.
Der Geldautomat gibt meine Karte nicht mehr heraus.	El cajero automático no me devuelve la tarjeta.

auszahlen	pagar
Bank	banco
Betrag	el importe, suma
Chipkarte	tarjeta con chip
Euro	euro
Formular	impreso, formulario
Geheimzahl	número secreto, la clave
Geld	dinero
Geldautomat	cajero automático
Geldschein	el billete (de banco)
Geldwechsel	cambio
Kasse	caja
Kleingeld	(las) monedas, dinero suelto
Kreditkarte	tarjeta de crédito
Kurs	(tipo de) cambio
Münze	moneda
Reisescheck	el cheque de viaje
Schalter	la ventanilla (Am boletería)
Scheck	el cheque
umtauschen	cambiar
Unterschrift	firma
Währung	moneda
Wechselkurs	tipo de cambio
Wechselstube	oficina/casa de cambio

FARBEN

Zeigebilder: Seite 4

beige	beige, beis
blau	azul
braun	marrón
einfarbig	de un solo color
farbig	de colores, multicolor
gelb	amarillo
goldfarben	dorado
grau	gris
grün	verde
lila	lila, malva
orange	naranja
rosa	rosa
rot	rojo
schwarz	negro
silberfarben	plateado
türkis	turquesa
violett	violeta
weiß	blanco
hellblau/hellgrün	azul claro/verde claro
dunkelblau/dunkelgrün	azul oscuro/verde oscuro

FOTOGRAFIEREN

Zeigebilder: Seite 59

Darf ich Sie fotografieren?	¿Puedo sacarle una foto?
Ist hier Fotografieren erlaubt?	¿Se pueden hacer fotos?
Wären Sie wohl so freundlich, ein Foto von uns zu machen?	¿Sería tan amable de hacernos una fotografía?
Drücken Sie bitte auf diesen Knopf.	Pulse este botón, por favor.
Das ist sehr freundlich.	Es muy amable.

FUNDBÜRO

Wo ist das Fundbüro, bitte?	Por favor, ¿dónde está la oficina de objetos perdidos?
Ich habe ... verloren.	He perdido…
Ich habe meine Handtasche im Zug vergessen.	He olvidado mi bolso en el tren.
Würden Sie mich bitte benachrichtigen, wenn sie gefunden werden sollte?	¿Sería tan amable de avisarme si lo encuentran?
Hier ist meine Hotelanschrift.	Aquí tiene la dirección de mi hotel.

HANDY, TELEFON & CO.

Meine Prepaid-Karte ist leer.	Mi tarjeta (prepago) no tiene saldo./ Me he quedado sin saldo en la tarjeta.
Ich möchte meine Karte aufladen.	Quiero recargar mi tarjeta.
Bitte eine SIM-Karte.	Quiero una tarjeta SIM.
Für welches Gebiet gilt diese SIM-Karte?	¿Cuál es el área de cobertura de esta tarjeta SIM?
Wie viel kostet es pro Minute?	¿Cuánto cuesta cada minuto?
Geben Sie mir bitte eine Tarifübersicht.	¿Me podría dar un informe de las tarifas?
Haben Sie Guthabenkarten von ...?	¿Venden tarjetas de prepago de…?
Mein Akku ist leer. Haben Sie ein Ladekabel für mich?	Me he quedado sin batería. ¿Tienen un recargador/cable de recarga?
Ich möchte ein R-Gespräch führen.	Quiero hacer una llamada a cobro revertido.
Wie ist die Vorwahl von ...?	¿Cuál es el prefijo de…?
Ich möchte nach ... telefonieren.	Quiero que me comuniquen con...
Hier spricht ...	Soy… Der Angerufene meldet sich meist mit: ¿Diga?
Haben Sie WLAN?	¿Hay uvedoble LAN/LAN inalámbrica?
Wie lautet das Passwort?	¿Cuál es la contraseña?

Ich bekomme keine Verbindung.	No tengo conexión.
Kann ich bei Ihnen etwas ausdrucken?	¿Es posible imprimir algo aquí?
abnehmen	descolgar
Anruf/anrufen	llamada telefónica/llamar por teléfono, telefonear
Auskunft	Información
Auslandsgespräch	llamada internacional
besetzt	ocupado, comunicando
Ferngespräch	llamada de larga distancia; (national) llamada interurbana
Gebühr	tarifa
GPS (Global Positioning System)	el GPS
Handy	teléfono móvil; el móvil
Ladekabel	el cargador/cable de carga
Ortsgespräch	llamada urbana
Prepaid-Karte	tarjeta prepago
Selfiestick	palo selfie
SIM-Karte	tarjeta SIM
Smartphone	el smartphone
Tablet	tablet/tableta
Telefon	teléfono
Telefonbuch	guía telefónica
telefonieren	telefonear
Telefonkarte	tarjeta telefónica
Telefonnummer	número de teléfono
Vorwahlnummer	prefijo
wählen	marcar (el número)

WIE DIE EINHEIMISCHEN

Insider Tipp

¿Diga?
Heißt wörtlich „Wer spricht?"
Am günstigsten sind spezielle Telefonbüros. Ansonsten wird mit Münzen oder Telefonkarten, in Kiosken erhältlich, von öffentlichen Telefonzellen telefoniert. Telefonieren von Bars und Restaurants ist teurer.

MIT KINDERN UNTERWEGS

Gibt es auch Kinderportionen?	¿Tienen ustedes también platos especiales para niños?
Könnten Sie mir bitte das Fläschchen warm machen?	¿Me podría calentar el biberón, por favor?
Haben Sie einen Wickelraum?	¿Tiene algún cuarto para cambiar los pañales?
Bitte bringen Sie noch einen Kinderstuhl.	Por favor, traiga otra silla alta para niño(s).
Können Sie mir einen Spielplatz empfehlen?	¿Me podría recomendar un parque infantil?
Babybett	cuna
Babyfon	interfono de bebés
Babysitter	el/la canguro, el/la babysitter
Fläschchenwärmer	el calientabiberón
Kinderautositz	el asiento de seguridad para niños
Kinderbecken/Planschbecken	piscina infantil
Kinderbetreuung	la guardería infantil
Kinderermäßigung	la reducción para niños
Kindernahrung	el alimento para niños
Saugflasche	el biberón
Schnuller	el chupete
Schwimmflügel	los flotadores (de brazos), los manguitos
Schwimmring	el flotador
Spielplatz	el parque infantil
Spielsachen	los juguetes
Wickeltisch	la mesa para cambiar los pañales
Windeln	los pañales

POLIZEI

Wo ist bitte das nächste Polizeirevier?	Por favor, ¿dónde está la comisaría de policía más cercana?
Ich möchte einen Diebstahl/ Unfall anzeigen.	Quiero denunciar un robo/un accidente.
Ich bin überfallen/ vergewaltigt worden.	Me han asaltado/violado.
Mir ist ... gestohlen worden.	Me han robado…
die Handtasche	el bolso.

der Geldbeutel	el monedero
mein Fotoapparat	mi cámara fotográfica.
mein Auto/mein Fahrrad	mi coche/mi bicicleta.
Mein Auto ist aufgebrochen worden.	Me han forzado la puerta del coche.
Ich habe ... verloren.	He perdido …
Mein Sohn/Meine Tochter ist verschwunden.	Ha desaparecido mi hijo/mi hija.
Können Sie mir bitte helfen?	¿Puede usted ayudarme, por favor?
Ich möchte einen Anwalt sprechen.	Quiero hablar con un abogado.

anzeigen	denunciar
aufbrechen	forzar, violentar
Autoradio	la autoradio/radio del coche
Autoschlüssel	las llaves del coche
belästigen	molestar, importunar
beschlagnahmen	confiscar
Brieftasche	cartera
Dieb	el ladrón
Diebstahl	robo
Gefängnis	la cárcel
Geld/Geldbeutel	dinero/monedero
Gericht	el tribunal
Papiere	los documentos

WIE DIE EINHEIMISCHEN

Insider Tipp

Dein Freund und Helfer

In Spanien gibt es unterschiedliche Polizeieinheiten. Wer wofür zuständig ist, kann selbst für Spanienkenner verwirrend sein. Die örtliche Polizei (*Policía Local* oder *Policía Municipal*) ist meist blau/schwarz uniformiert und am schwarzweißen Karomuster zu erkennen. Sie nimmt Anzeigen bei Diebstahl oder Einbruch auf, greift bei Streitigkeiten unter Nachbarn und in Bars ein und ist für den Stadtverkehr zuständig. Die blau uniformierte *Policía Nacional* (Nationalpolizei) nimmt Anzeigen wegen Körperverletzung und Sachbeschädigung entgegen und ist zuständig für Probleme im Zusammenhang mit Dokumenten. Die grün uniformierte *Guardia Civil* ist für den Verkehr auf Überlandstraßen zuständig und führt Grenzkontrollen durch. Rufen Sie im Zweifelsfall die Polizei unter der zentralen Notrufnummer 112.

Personalausweis	el carné de identidad
Polizei	policía
Polizist/in	el/la policía
Rauschgift	las drogas
Rechtsanwalt/-anwältin	abogado/abogada
Reisepass	el pasaporte
Richter/in	el juez/la juez(a)
Scheck	el cheque
Scheckkarte	tarjeta bancaria/del banco
Taschendieb/in	ratero/ratera, el ladrón/la ladrona
Überfall	la agresión; el asalto (a un banco)
Verbrechen	el crimen
Vergewaltigung	la violación
verhaften	arrestar
zusammenschlagen	golpear, pegar

POST

Wo ist ...	¿Dónde está…
das nächste Postamt?	la oficina de correos más cercana?
der nächste Briefkasten?	el buzón más cercano?
Was kostet ...	¿Cuánto cuesta…
ein Brief ...	una carta…
eine Postkarte ...	una postal…
... nach Deutschland?	… para Alemania?
... nach Österreich?	… para Austria?
... in die Schweiz?	… para Suiza?
Diesen Brief bitte per ...	Quisiera enviar esta carta…
Luftpost.	por correo aéreo.
Express.	urgente.

Absender	el/la remitente
Adresse	la dirección
aufgeben	enviar, expedir
ausfüllen	rellenar
Brief	carta
Briefkasten	el buzón
Briefmarke	sello (Am estampilla)
Briefumschlag	el sobre
Eilbrief	carta urgente, expreso

Empfänger/in	destinatario/destinataria
Formular	franquear
frankieren	franquear
Gebühr	tarifa
Gewicht	peso
Luftpost, mit	por correo aéreo
Paket	el paquete
Porto	franqueo
Postamt	oficina de correos
Postkarte	la postal
Postleitzahl	código postal
Schalter	la ventanilla (Am boletería)
Sondermarke	sello de coleccionista

TOILETTE UND BAD

Wo ist bitte die Toilette?	¿Dónde está el baño, por favor?
Dürfte ich wohl bei Ihnen die Toilette benutzen?	¿Puedo usar el baño?
Würden Sie mir bitte den Schlüssel für die Toiletten geben?	¿Me da la llave del baño, por favor?
Die Toilette ist verstopft.	El baño está atascado (Am tapado).

Damen	Señoras
Damenbinden/Tampons	las compresas/ los tampones
Handtuch	toalla
Handwaschbecken	lavabo
Herren	Caballeros, Hombres
sauber/schmutzig	limpio/sucio
Seife	el jabón
Toilettenpapier	el papel higiénico

Wetter: S. 19
Zahlen: Umschlagklappe vorne
Zeitangaben: S. 16/17

ABKÜRZUNGEN

adj	Adjektiv
adv	Adverb
alg	jemand
Am	lateinamerikanisch
conj	Konjunktion
el	Elektro-, Elektrizität
f	Femininum
m	Maskulinum
n	Neutrum
pers prn	Personalpronomen
pl	Plural
poss prn	Possessivpronomen
prp	Präposition
sing	Singular
tele	Telefon, Telegraf
v	Verb

DIE 1333 WICHTIGSTEN WÖRTER

Die hinter der spanischen Übersetzung aufgeführten Zahlen verweisen auf die entsprechenden Seiten der themenbezogenen Kapitel.

A

ab de, desde
abbestellen (Zimmer) cancelar; (Fahr-, Flugkarten) anular
Abend la tarde; (nach Einbruch der Dunkelheit) la noche
aber pero
Abfahrt salida, partida > 31, 34
Abflug el despegue > 29
ablaufen (Zeit) pasar, transcurrir
ablehnen rechazar, rehusar
Abreise salida, partida > 71
abreisen (nach) salir/partir (para)
Abschied despedida > 12
abschleppen remolcar > 24 f.
Absender el/la remitente > 117
abwärts hacia abajo
Achtung la atención, cuidado
Adresse las señas, la dirección > 117
Aktivurlaub vacaciones activas > 85 ff.
Algen las algas
alle todos
allein solo
alles todo
als (zeitlich) cuando; (bei Vergleich) que
als ob como si
also así; entonces
alt viejo; (aus früheren Zeiten) antiguo
Alter la edad > 14
Amt oficina
an a, en
anbieten ofrecer
Andalusien Andalucía
Andalusier, andalusisch andaluz
andere, der ~ el otro
anderer, ein ~ otro
ändern cambiar, variar
anders (adj) distinto, diferente; (adv) de otra manera/forma
Anfang principio, comienzo
Angst miedo
anhalten parar
ankommen llegar > 32
Ankunft llegada > 30
Anmeldung la recepción
Anreisetag el día de llegada
Anruf llamada telefónica > 118
anrufen llamar por teléfono, telefonear
Anschluss el empalme > 30, 32
Anschrift la dirección, las señas
anstatt en vez de, en lugar de
anstrengend fatigoso
antworten responder, contestar
Apotheke farmacia > 57, 60
Appetit apetito
arbeiten trabajar
ärgern, s. ~ (über) enfadarse (por)
arm pobre
Art modo, manera
Arzt médico > 104 ff.
Asturien Asturias
Atlantik Atlántico
auch también
auch nicht tampoco

auf sobre, en, por; (offen) abierto
aufbrechen forzar, violentar > 116
Aufenthalt estancia, (Am) estadía; (Zug) parada > 32
aufgeben (Gepäck) facturar > 31; (Post) enviar > 117
aufhören acabar, terminar
aufpassen (auf) tener cuidado (de/con)
aufstehen levantarse
Augenblick momento
aus (Herkunft) de; (Material) de; (Grund) por
Ausfahrt (Autobahn~) salida (de autopista)
Ausflug la excursión > 81
Ausgang salida
Auskunft la información > 8 f., 20 f., 23, 29 f., 31, 33 f.
Auskunftsstelle oficina de información
Ausländer extranjero
außen fuera
außer excepto
außerdem además, aparte de eso
Aussicht vista > 81
aussprechen pronunciar
aussteigen bajar > 32, 34
Ausweis (Personal~) tarjeta/el carné de identidad
Auto el coche, el automóvil > 23 ff.
Auto fahren conducir, (Am) manejar
Autopapiere la documentación de coche

B

Baby el bebé > 114 f.
Badeort la estación balnearia
Bahnhof la estación > 31 f.
bald pronto
Balearen las (Islas) Baleares
Ball pelota; (Fest) el baile
Band, das ~ cinta; **der ~** tomo
Bank banco > 111 f.
Bar el bar > 39, 82
Bargeld dinero efectivo, moneda contante
bar zahlen pagar al contado
Baske, Baskin vasco, vasca
Baskenland País Vasco
Baskisch (Sprache) vasco, vascuence
Baum el árbol
beachten observar, tener en cuenta
Beanstandung la reclamación > 38, 70
beantworten contestar
bedeuten significar
Bedienung servicio
beenden terminar
befinden, s. ~ encontrarse
befreundet sein (mit) ser amigo (de)
befürchten temer
begegnen encontrar
beginnen comenzar
begleiten acompañar
begrüßen saludar > 10, 13
behalten guardar, conservar
behindertengerecht adecuado para minusválidos
Behindertentoilette lavabo para minusválidos
Behörde la autoridad pública
bei (nahe) junto a, cerca de
beide ambos, los dos
Beileid el pésame
Beispiel ejemplo
beißen morder
beklagen, s. ~ (über) quejarse (de)
belästigen molestar, fastidiar > 116
beleidigen ofender
Belgien Bélgica
Belgier/in el/la belga
benachrichtigen avisar, informar
benötigen necesitar
benutzen usar, emplear; (Verkehrsmittel) tomar
Benzin gasolina, (Arg) nafta > 23 ff.
Berg montaña
Beruf la profesión
beruhigen, s. ~ calmarse, tranquilizarse
beschädigen estropear, deteriorar
bescheinigen certificar
beschlagnahmen confiscar
beschließen resolver, decidirse
beschweren, s. ~ (über) quejarse (de)
besetzt (Platz) ocupado; (voll) completo
besichtigen visitar
Besichtigung visita > 78 ff.
besitzen poseer
Besitzer propietario
besorgen procurar, proporcionar
bestätigen confirmar
Besteck los cubiertos
Bestellung pedido > 38 f.
bestimmt adj determinado, cierto; adv seguro
besuchen, jdn ~ visitar a alg, ir a ver a alg
Betrag el importe, suma > 111 f.
betreten entrar en
betrinken, s. ~ emborracharse
betrügen engañar

betrunken borracho, (Am) apimpado; (leicht) alegre, bebido, (Am) alegrón
Bett cama
Bewohner el habitante
bewusstlos desmayado, desvanecido > 106 f.
bezahlen pagar
Biene abeja
Bild pintura, cuadro
billig barato
bis hasta
bisschen, ein ~ un poco
bitte por favor; (nach Dank) de nada, no hay de qué > 12
Bitte el favor, ruego > 12
bitten, jdn um etw ~ pedir algo a alg
blau azul
bleiben quedarse
Blitz relámpago; (Foto) el flash
Blume la flor
Blut la sangre > 107
Boden suelo; (Fuß~) piso
Boot barca, el bote, lancha > 85 f.
böse malo; (verärgert) enfadado
Botschaft (dipl. Vertretung) embajada
Brand incendio, fuego
brauchen necesitar
brechen romper
breit ancho
Bremse freno > 24 f.
brennen arder
Brief carta > 117
Brieftasche cartera > 116
Brille las gafas, (Am) los lentes > 61
bringen (her~) traer; (weg~) llevar
Brot el pan > 43, 46, 63
Bruder hermano
Buch libro
buchstabieren deletrear
Bucht bahía, golfo
Buchung reserva > 6 ff., 29 f., 69
Büro oficina
Bus el autobús > 34
Busch mata; (Urwald) selva; (Gestrüpp) el matorral

C

Café el café
Camping camping > 9, 76 f.
Chef el jefe
Chilene, chilenisch chileno
Club/Diskothek el club/discoteca > 82
Computer el ordenador > 59, 114
Computerhandlung tienda de informática > 56, 59
Costaricaner, costaricanisch costarricense
Cousin/e el primo/la prima

D

da ahí, (Ort) allí, allá; (Grund) como, ya que, porque; (Zeit: als) cuando; (dann) entonces
dafür, ~ sein estar en favor de
dagegen, ~ sein estar en contra de
daheim en casa
daher por eso/esto/ello
damals entonces
Dame señora
danach después, luego
Dank gracias; (Dankbarkeit) agradecimiento > 12
danken dar las gracias, agradecer > 12
dann (anschließend) entonces; (nachher) después; (in dem Falle) entonces, en ese caso
da sein (anwesend) estar presente
dasselbe lo mismo
Datum fecha > 17
Dauer la duración
dauern durar
Decke (Bett~) manta; (Zimmer~) techo
defekt averiado > 24 f.
dein tu
denken an pensar en
denn porque, pues
deshalb por esto/eso/ello
Deutsche, der, die el alemán, la alemana
Deutschland Alemania
dich te, a ti
dick gordo; (geschwollen) hinchado
Diebstahl robo > 115 f.
diese(r, -s) esta, este, esto
Ding cosa
dir te, a ti; **mit dir** contigo
Direktor el director
Diskothek discoteca > 82
doch (Bejahung) sí, (Am) ¿cómo no?; (aber) pero, sin embargo
Doktor el doctor, médico
doppelt doble
Dorf aldea, pueblo
draußen fuera, afuera
drin, drinnen dentro
dringend urgente
Drogerie droguería > 56, 58

du tú
dumm tonto, estúpido, bobo, (Am) zonzo
dunkel oscuro
dünn delgado
durch por; (Mittel) por, mediante; (Passiv) por; (quer ~) a través de
Durchgang paso, pasaje
Durchreise, auf der ~ de paso
Durchreisevisum visado de tránsito
durchschnittlich (adj) medio, mediano; (adv) por término medio
dürfen poder
durstig sein tener sed

E

eben (flach) llano; (zeitlich) hace un momento, ahora mismo
Ebene llanura
echt verdadero, auténtico
Ecke (außen) esquina; (innen) el rincón
Ecuadorianer, ecuadorianisch ecuatoriano
Ehefrau esposa, la mujer
Ehemann esposo, marido
Ehepaar matrimonio, pareja
Ei huevo
Eigenschaft la cualidad
Eigentümer propietario
eilig de prisa
ein(e) un/uno, una
Einfuhr la importación > 22
Eingang entrada
einige algunos, unos
einigen, s. ~ ponerse de acuerdo
einkaufen comprar, ir de compras > 54 ff.
einladen invitar
einmal una vez
einreisen entrar (en el país)
eins uno
einsam solitario, solo
eintreten entrar
Eintrittskarte entrada, el billete > 83
Einwohner el habitante
Eisenbahn el ferrocarril, el tren f.
Elektrohandlung (tienda de) artículos eléctricos > 56, 59
Eltern los padres
E-Mail-Adresse correo electrónico > 8
Empfang la recepción
Empfänger destinatario > 117
empfehlen recomendar
enden terminar, acabar
endgültig (adj) definitivo; (adv) definitivamente
endlich finalmente, por fin
England Inglaterra
Engländer/in el inglés/la inglesa
englisch inglés
Enkel/in el nieto/la nieta
entdecken descubrir
entfernt distante, alejado
entgegengesetzt opuesto, contrario
entlang a lo largo de
entscheiden decidir
entschließen, s. ~ decidirse
Entschluss la decisión, la resolución
entschuldigen, s. ~ disculparse, pedir perdón > 12
Entschuldigung excusa, el perdón; **~!** ¡Perdón! > 12
enttäuscht desilusionado
entweder ... oder o… o
entwickeln desarrollar; (Foto) revelar
er él
Erde tierra
Erdgeschoss piso bajo, (Am) los bajos
ereignen, s. ~ pasar, suceder, ocurrir
Ereignis suceso, acontecimiento
erfahren oír, saber, enterarse de; (adj) experto
erfreut (über) contento (de), satisfecho (de)
Ergebnis resultado
erhalten recibir; (durch Bemühung) conseguir, obtener
erhältlich obtenible, en venta
erholen, s. ~ reponerse, descansar
erinnern, jdn an etw ~ recordar algo a alg; **s. ~** acordarse de, recordar
erkennen reconocer
erklären declarar; (deutlich machen) explicar, aclarar
erkundigen, s. ~ informarse
erlauben permitir
Erlaubnis permiso
erledigen arreglar, terminar
Ermäßigung rebaja, descuento > 31 f.
ernst serio; grave
erreichen conseguir, lograr, alcanzar
Ersatz (Schaden~) la indemnización; (Produkt) repuesto
erschöpft agotado
erschrecken asustar; (erschrocken sein) estar asustado

ersetzen sustituir; (Schaden) reparar, indemnizar
erst (zuerst) primero, en primer lugar; (nicht früher als) solo, solamente, (Am) recién
Erwachsene(r) adulta, adulto
erzählen contar
Erziehung la educación
es gibt hay
Esel burro, asno
essbar comestible
Essen comida > 41 ff., 63 f.
etwa aproximadamente, unos/unas
etwas algo; (ein wenig) un poco
euch os
euer vuestro
Euro euro > 111 f.
Europa Europa
Europäer/in europeo/europea

F

Fabrik fábrica
fahren ir; (lenken) conducir, (Am) manejar
Fahrkarte el billete (Am boleto) > 32, 34
Fahrplan horario > 32, 34
Fahrrad bicicleta > 23 ff., 87
Fahrstuhl el ascensor
Fahrt el viaje
fallen caer
falsch falso, incorrecto; (betrügerisch) falso
Familie familia
Familienname el apellido > 22
Farbe el color > 113
faul perezoso, holgazán; (Obst) podrido
fehlen faltar
Fehler defecto
Feiertag el día de fiesta > 18
Feld campo
Fels roca, peña
Ferien las vacaciones
Ferienhaus casa de vacaciones > 9, 74 f.
Ferngespräch llamada interurbana/de larga distancia > 118
fertig listo
fest firme, fijo; (hart) duro; (dauernd) resistente
Festland tierra firme
Fett graso, gordo
feucht húmedo
Feuer fuego
Feuerlöscher el extintor
Feuermelder el avisador de incendios
Feuerwehr los bomberos
Film película; el film(e)
finden encontrar
Firma empresa
Fisch el pez; (als Speise) el pescado > 45, 47 f.
Flasche botella
Fleisch la carne > 44, 48 f.
Fliege mosca
fliegen volar, ir en avión
fließen correr
flirten coquetear > 15 f.
Flug vuelo > 29 ff.
Flugzeug avión > 29 ff.
Fluss río
folgen seguir
fordern pedir, exigir
Formular impreso, formulario > 112
fort fuera, ausente
fortsetzen continuar
Foto la foto(grafía)
Fotoartikel los artículos fotográficos > 56, 59
fotografieren hacer/sacar fotos, fotografiar > 113
Frage pregunta; (Problem) la cuestión, el problema
fragen preguntar
frankieren franquear > 117
französisch francés
Frau señora; (vor Vornamen) doña; (Ehe~) esposa, la mujer
Fräulein señorita
frei libre; (gratis) gratuito, gratis
fremd forastero; (ausländisch) extranjero; (unbekannt) desconocido
Fremde, der, die ~ forastero, forastera; (Ausländer) extranjero
Fremdenführer el guía (turístico) > 79 f.
Freude alegría
freuen, s. ~ (auf/über) alegrarse (de)
Freund/in el amigo/la amiga
freundlich amable
Freundlichkeit la amabilidad
Friede la paz
frieren tener/pasar frío
frisch fresco; (neu) nuevo, reciente; (Wäsche) limpio
Friseur (Damen~/Herren~) peluquería (de señoras/de caballeros) > 56, 60 f.
froh (zufrieden) contento, satisfecho; (glücklich) feliz; (lustig) alegre, de buen humor
früh temprano
Frühstück desayuno > 46, 70 f.

fühlen sentir
Führer (Person) el guía; (Buch) la guía
Führerschein permiso/el carné de conducir
Führung visita guiada > 79 f.
Fundbüro oficina de objetos perdidos > 114
funktionieren funcionar
für para, por
fürchten temer
fürchterlich horrible, terrible, espantoso

G

Gabel el tenedor
Galicien Galicia
Galicier/in gallego/gallega
Galicisch (Sprache) gallego
Gang (Auto) marcha; (Durchgang) el pasaje; (Essen) plato
ganz todo, toda; (pl) todos los, todas las; (vollständig) completo, entero; adv completamente, del todo
Garage el garaje
Garantie garantía
Garten el jardín
Gast el huésped
Gastgeber/in el anfitrión/la anfitriona
Gasthaus/Gasthof fonda, posada
Gebäude edificio
geben dar
Gebet la oración
Gebirge sierra, montaña
geboren nacido
Gebühr tarifa
Geburt nacimiento
gebürtig aus natural de
Geburtsdatum fecha de nacimiento > 22
Geburtsname el nombre de soltera > 22
Geburtsort el lugar de nacimiento > 22
Geburtstag el cumpleaños > 12
Gedanke pensamiento, idea
gefährlich peligroso
Gefallen el placer, gusto
Gefängnis la cárcel > 116
Gefühl sentimiento
gegen contra; (in Richtung auf, zeitlich) hacia
Gegend la región, zona
Gegenstand objeto; (Gesprächs~) asunto, el tema
Gegenteil lo contrario; **im ~** al contrario
geheim secreto
gehen ir; (zu Fuß) ir a pie, andar
gehören pertenecer a, ser de
Geistlicher el sacerdote, el cura; (evangelisch) el pastor
gelb amarillo
Geld dinero > 111 f.
Geldautomat cajero automático > 112
Geldbeutel cartera (Am billetera)
Geldstück moneda
Geldwechsel cambio > 111 f.
Gelegenheit la ocasión; (günstige ~) la oportunidad
gemeinsam (adj) común; (adv) en común, juntos
gemischt mezclado
Gemüse las verduras > 41, 49 f., 64; (Hülsenfrüchte) las legumbres
genau exacto, preciso
genau so ... wie lo mismo... que
genießen gozar de, disfrutar de
genug bastante, suficiente
geöffnet abierto
Gepäck el equipaje > 29 ff.
geradeaus todo seguido/derecho
Gericht (Speise) plato, comida > 38, 40, 46 ff.; (Justiz) el tribunal > 116
gern con gusto, de buena gana
Geruch el olor
Geschäft (Laden) tienda; (Firma, Handel) negocio
geschehen suceder, pasar, ocurrir
Geschenk regalo
Geschichte historia; (Erzählung) cuento
geschlossen cerrado
Geschmack gusto, el sabor
Geschwindigkeit la velocidad
Gesellschaft la sociedad
Gespräch la conversación
gesund sano
Gesundheit la salud
Getränk bebida > 38, 54 f., 52 f., 64
getrennt separado
Gewicht peso
gewinnen ganar
gewiss (adj) cierto, seguro; (adv) ciertamente
Gewitter tormenta
gibt, es ~ hay
Gift veneno
giftig venenoso
Gipfel la cumbre, cima
Gitarre guitarra
Glas (Scheibe) el cristal, vidrio; (Trink~) vaso, copa
Glaube la fe

glauben creer
gleich igual; (sofort) immediatamente, enseguida, (Am) ahorita
Glück la felicidad; (Erfolg) éxito
glücklich feliz, dichoso
Glückwunsch la felicitación, enhorabuena > 12 f.
Gott Dios
Gottesdienst culto; misa > 80
Grab tumba
Grad grado
gratulieren felicitar
grau gris
Grenze frontera, el límite > 22
groß grande; (Statur) alto; (bedeutend) importante, considerable
Größe (Umfang) tamaño; (Länge) la longitud; (Höhe) altura; (Kleider~) talla; (Schuh~, Hemd~, Hut~) número
Großmutter abuela
Großvater abuelo
grün verde
Grund la razón, causa; (Beweggrund) motivo
Gruppe grupo
grüßen saludar
Guatemalteke, guatemaltekisch guatemalteco
gültig válido > 22
gut (adj) bueno, buen; (adv) bien

H

Haar pelo > 60 f.
haben (besitzen) tener; (Hilfsverb) haber
Hafen puerto > 33, 81
halb medio
Halle sala; (im Hotel) el hall
hallo! ¡hola!
halt! ¡alto!
halten cumplir, observar; (stehen bleiben) detener(se), parar(se); (dauern) durar; (fest~) sujetar
Haltestelle parada > 34
Handy teléfono móvil (Am cedular) > 119
hart duro
hässlich feo
häufig (adv) frecuentemente, a menudo
Haus casa
Hausbesitzer/in propietario/-a (de la casa) > 74
hausgemacht casero
Haushaltswaren los artículos domésticos
heilig santo, sagrado
Heimat patria
heimlich adj secreto, oculto; adv en secreto, a escondidas
Heimreise regreso (a casa)
heiraten casarse
heiß muy caliente
heißen llamarse
heiter sereno; (fröhlich) alegre, de buen humor
Heizung la calefacción > 71 f.
helfen, jdm ~ ayudar a alg
hell claro
herein! ¡adelante!, ¡pase!
hereinkommen entrar
Herkunft lugar de origen > 14
Herr el señor; (vor Vornamen) don
heute hoy
hier aquí
Hilfe ayuda; **Erste ~** los primeros auxilios
Himmel cielo
hinlegen poner; **s. ~** echarse, acostarse
hinsetzen, s. ~ sentarse
hinter detrás de
Hobby la afición, el hobby
hoch alto
Hochzeit (Feier) boda
hoffen esperar
höflich cortés
Höhe altura
Holz madera; (Brenn~) leña
Honduraner, honduranisch hondureño
Honorar los honorarios
hören oír
Hotel el hotel > 6 ff., 68 ff.
hübsch guapo, bonito, lindo
Hügel colina
Hund perro
Hunger el hambre
hungrig hambriento
Hütte cabaña, (Am) bohío

I

ich yo
Idee idea
ihr (pers prn) vosotros, vosotras; (poss prn, f) su
Imbiss bocado; merienda
Imbissstube cafetería, el bar; (am Strand) chiringuito
immer siempre
imstande sein ser capaz de

in en
inbegriffen incluido
informieren informar
Inhalt contenido
innen dentro
Innenstadt centro (de la ciudad)
innerhalb (zeitlich) dentro de, en
Insekt insecto
Insel isla
interessieren, s. ~ (für) interesarse (por)
international internacional
Internet el internet
Internetadresse la dirección de internet > 8, 114
irren, s. ~ equivocarse
Irrtum el error

J

Jahr año
Jahreszeit la estación > 18
jeder cada, todos
jedermann todo el mundo
jedesmal cada vez, siempre
jemand alguien
jetzt ahora
Jugendherberge el albergue juvenil
jung joven
Junge muchacho, chico
Junggeselle soltero

K

Kabine cabina, el camarote > 33
Kaffee el café > 46, 52
Kakerlake cucaracha
kalt frío
Kanal el canal
Kanarische Inseln las Islas Canarias
Kantabrien Cantabria
Kapelle (Gebäude) capilla > 80; (Musik~) banda, orquesta
kaputt estropeado, roto
Käse queso > 43, 51, 64
Kasse caja; (Theater~) taquilla > 83
Kastagnetten las castañuelas
Kastilien Castilla
Kastilier, kastilisch castellano
Katalane, Katalanin el catalán, la catalana
Katalanisch (el) catalán
Katalonien Cataluña
Katze gato
Kauf compra
kaufen comprar
kaum apenas
Kaution fianza, la caución
kein ninguno, ningún
keine(r, -s) nadie
Kellner/in camarero/camarera
kennen conocer
kennenlernen, jdn ~ conocer a alguien > 10 f.
Keramik cerámica
Kind niño
Kino el cine > 82 f.
Kirche iglesia > 80
Kissen el cojín; (Kopf~) almohada
Kleidung ropa, los vestidos > 62 f.
klein pequeño; (Statur) bajo
Kleingeld (las) monedas, dinero suelto > 112
Klima el clima > 19
Klingel el timbre
klingeln tocar el timbre
klug inteligente, listo
Kneipe taberna > 82
knipsen fotografiar > 113
kochen hacer la comida; (Wasser) hervir, cocer; (Kaffee, Tee) hacer, preparar
Koffer maleta
Kohle el carbón
Kolumbianer, kolumbianisch colombiano
Kolumbien Colombia
kommen venir, ir
Kompass brújula
Komplimente cumplidos > 13
Kondom preservativo, el condón
Konfession la religión, la confesión religiosa
können poder; (gelernt haben) saber
Konsulat consulado
Kontakt contacto
kontrollieren controlar
Konzert concierto > 82 f.
Körper cuerpo > 106 ff.
kosten costar, valer; (probieren) probar
krank enfermo > 106 ff.
Krankenhaus el hospital, clínica > 107
Krankenwagen ambulancia
Kreditkarte tarjeta de crédito > 54, 71, 112
Krieg guerra
kritisieren criticar
Kuba Cuba
Kubaner, kubanisch cubano
Küche cocina
kühl fresco

Kultur cultura > 78 ff.
Kummer pena; (Sorge) la preocupación
kümmern, s. ~ um preocuparse de
Kurs curso; (Wechsel~) cambio > 111 f.
Kurve curva
kurz breve, corto
kürzlich hace poco (Am recién)
Kuss beso
küssen besar
Küste costa

L

lachen reír(se)
Laden tienda
Lage la situación
Land el país; (Gegensatz zu Wasser) tierra
Landgut finca rústica, (Am) finca rural
Landhaus casa de campo
Landkarte el mapa > 67
Landschaft el paisaje > 81
lang largo
Länge la longitud
langsam adj lento; adv despacio, lentamente
langweilig aburrido
Lärm ruido
lassen dejar
lästig pesado, molesto
Lastwagen el camión
laufen correr
laut alto
Lautsprecher el altavoz, (Am) el altoparlante
Leben vida
leben vivir
Lebensmittel los comestibles > 41 ff., 63 ff.
ledig soltero > 22
leer vacío
legen poner, colocar
leicht fácil; (Gewicht) ligero, (Am) liviano
leider desgraciadamente
leihen prestar; (sich ausleihen) pedir prestado > 29, 76 f., 85
leise bajo, en voz baja
Leiter, die escalera
Leiter/in el jefe/la jefa, el director/la directora
lesen leer
letzte(r, -s) última, último
Leute la gente
Licht la luz
lieb bueno
lieben amar, querer
liebenswürdig amable
lieber (adv) más bien
Lied la canción
liegen estar, encontrarse; estar echado/acostado
links a la izquierda
Loch agujero; (Reifen) pinchazo
Löffel cuchara
Lohn sueldo, salario, paga
Lokal (Gaststätte) el restaurante > 36 ff.; (Tanz~) sala de baile > 82
löschen apagar
Luft el aire
Lüge mentira
lustig alegre; (erheiternd) divertido, gracioso

M

machen hacer; (herstellen) fabricar; **~ lassen** mandar hacer
Mädchen muchacha, chica
Mahlzeit comida
Mal la vez; **zweimal** dos veces
man se; uno
manchmal a veces
Mangel (Fehlen) falta; (Fehler) defecto
Mann hombre; (Ehe~) marido, esposo
männlich masculino
Markt mercado > 56, 81
Maschine máquina
Maße las medidas
Medikament medicina, medicamento > 57, 60, 106
Meer el mar
mehr más
mein(e) mi
meinen opinar
Meinung la opinión
Mensch persona, el hombre
merken observar, notar; **s. etw ~** tomar nota de algo
Messe (Kirche) misa; (Ausstellung) feria
Messer cuchillo
Mexikaner, mexikanisch mexicano
Mexiko México
mich me, a mí
Miete el alquiler > 6 ff., 29, 74
mieten alquilar
Mietwagen coche de alquiler > 29
mindestens por lo menos, al menos
minus menos
Minute minuto

mir me, a mí
misstrauen desconfiar
missverstehen entender mal, interpretar mal
mit con
mitbringen traer, llevar
mitnehmen llevar(se); llevar consigo
Mittag el mediodía
Mittagessen comida, almuerzo > 36 ff.
mittags a(l) mediodía
Mitte medio, centro
mitteilen comunicar
Mittel medio; (Heil~) remedio > 57, 60
Möbel el mueble
Mode moda > 62 f.
modern moderno
mögen (gern haben) gustar (+ Dativ); (wünschen) querer, desear
möglich posible
Moment momento, el instante
Monat el mes > 17 f.
Mond luna
Morgen mañana
morgens por la mañana
Motor el motor > 24, 26
Motorrad la moto(cicleta) > 23 ff.
Mücke mosquito
müde cansado
Mühe esfuerzo
Müll basura
Münze moneda > 111 f.
Museum museo > 79 f.
Musik música
müssen tener que, deber
Mutter la madre

N

nach después de
Nachbar/in vecino/-a
nachher después, luego
nachmittags por la tarde
Nachricht noticia, aviso
Nachrichten las noticias
nachsehen (prüfen) comprobar; (entschuldigen) disculpar
nächste(-r, -s) próxima, próximo
Nacht la noche
Nachtclub el club nocturno > 82
nackt desnudo
nahe cercano
Nahverkehr (tren) tráfico de cercanías > 34 f.
Name el nombre > 11
nass mojado, húmedo; (durchnässt) empapado
Nation la nación
Natur naturaleza
natürlich adj natural; adv naturalmente, (Am) ¡cómo no!
neben junto a, al lado de
Neffe sobrino
nehmen tomar
nennen nombrar, llamar
nervös nervioso
nett bonito, lindo; (freundlich) amable
neu nuevo; (kürzlich) reciente
neugierig curioso
Neuigkeit noticia, la novedad
neulich hace poco, el otro día
Nicaraguaner, nicaraguanisch nicaragüense
nicht no
nicht wahr? ¿(no es) verdad?
Nichte sobrina
nichts nada
nie nunca
nieder, niedrig bajo
niemand nadie
nirgends en ninguna parte
noch todavía, aún
Norden el norte
normal normal
Notausgang salida de emergencia > 30
Notbremse freno de alarma > 32
nötig necesario
Notrufsäule el poste de socorro > 27
Nummer número
nun (jetzt) ahora; (als Einleitung) bueno, pues
nur solo, solamente

O

ob si
oben arriba
Ober (Anrede) camarero (Am mozo)
Obst fruta > 42, 46, 50 f., 64
oder o
Ofen estufa
offen abierto
öffentlich público
öffnen abrir
Öffnungszeiten horas de apertura
oft frecuentemente, a menudo
ohne sin
ohnmächtig desmayado, sin conocimiento
Öl el aceite

Onkel tío
Optiker óptico > 56, 61
Organe, innere los órganos > 107 ff.
Ort el lugar
Osten el este
Österreich Austria
Österreicher/in austríaco/austríaca
Ozean océano

P

Paar, ein ~ un par; (Ehe~) matrimonio, pareja
Päckchen paquetito
packen (Koffer) hacer
Paket el paquete > 117
Panamaer, panamaisch panameño
Panne avería > 24, 27
Papiere documentos > 22, 27
Paraguayer, paraguayisch paraguayo
Park el parque
parken aparcar > 23
Pass el pasaporte
Passagier pasajero
passieren pasar, suceder
Passkontrolle el control de pasaportes > 22
Pension la pensión > 8 f., 68 ff.
Person persona
Personal el personal
Personalausweis el carné/documento de identidad (Am cédula personal)
Personalien los datos personales
Peruaner, peruanisch peruano
Pfand prenda
Pflanze planta
Pflicht la obligación, el deber
Platz plaza, sitio; (Sitz~) asiento
plötzlich de repente
plus más
Politik política
Polizei policía > 115 f.
Portier portero
Postamt oficina de correos > 117
Preis (Geld) precio; (Sieges~, Gewinn) premio
Priester el sacerdote, el cura
pro por; **~ Kopf** por cabeza
Programm el programa
Promille por mil
Prozent por ciento
Prozentsatz el porcentaje
prüfen examinar, controlar
Puertoricaner, puertoricanisch puertorriqueño
pünktlich (adj) puntual; (adv) puntualmente
putzen limpiar
Pyrenäen (los) Pirineos

Q

Qualität la calidad
Quelle la fuente
quittieren dar recibo

R

Rabatt rebaja, descuento
Rad fahren montar (Am andar) en bicicleta > 23 ff., 87
Radio la radio
Rampe rampa
Rand orilla, el borde
rasch (adj) rápido, (Am) ligero; (adv) rápidamente, deprisa
Rasen el césped, (Arg) pasto
Raststätte el albergue de carretera
raten aconsejar; (erraten) adivinar
Rathaus ayuntamiento > 80
rauchen fumar
Raucher fumadores
Raum sala
rechnen calcular
Rechnung cuenta, factura > 38, 71
Rechnungsbetrag el importe de la factura
Recht derecho
Recht haben tener razón
rechts a la derecha
rechtzeitig (adv) a tiempo, oportunamente
reden hablar
regeln regular, arreglar
Regierung gobierno
regnen llover
reich rico
Reihe fila
reinigen limpiar
Reise el viaje
Reisebüro agencia de viajes
Reiseführer (Person) el guía (turístico); (Buch) la guía (turística) > 67
reisen viajar
Reisepass el pasaporte > 22, 116
Reiseroute itinerario
Reisescheck el cheque de viaje > 111 f.
reklamieren reclamar > 38, 70
Reparatur arreglo, la reparación > 24
Reservierung reserva
Rest resto; **~e** las sobras, los restos

WÖRTERBUCH

Restaurant el restaurante > 36 ff.
retten salvar
Rettungsboot el bote salvavidas > 33
Rezeption la recepción > 69 f.
richtig exacto, preciso; (geeignet) adecuado
Richtung la dirección
riechen oler
Risiko riesgo
Rollstuhl silla de ruedas
rot rojo
Route itinerario
Rückkehr vuelta
rufen llamar
Ruhe descanso; (seelisch) la paz, la tranquilidad; (Stille) silencio, calma
ruhig tranquilo
rund redondo

S

Saal sala
Sache cosa; (Angelegenheit) asunto
sagen decir
Saison temporada, la estación; (Hoch~) temporada principal
Salvadorianer, salvadorianisch salvadoreño
sammeln coleccionar; (aufsammeln) recoger
satt harto, satisfecho
Satz la frase
sauber limpio
schade, es ist ~ es una pena
schaden dañar, hacer daño
Schadenersatz la indemnización
schädlich nocivo, dañino
Schalter (Bank, Post ...) la ventanilla (Am boletería)
schauen mirar
Scheck el cheque > 111 f.
schenken regalar
Scherz broma, el chiste
schicken enviar, mandar
Schiff barco > 33
Schild, das ~ letrero
schimpfen regañar, insultar
Schirm el paraguas
schlafen dormir
schlank delgado; esbelto
schlecht (adj) malo, mal; (adv) mal
schließen cerrar
Schloss palacio, castillo > 81; (Tür) cerradura
Schlüssel la llave > 70, 72, 74
schmerzen doler
Schmuck las joyas > 65
schmuggeln pasar de contrabando
Schmutz la suciedad; (Schlamm) barro
schmutzig sucio
schneiden cortar
schneien nevar
schnell (adj) rápido; (adv) rápidamente
Schnellimbiss cafetería, el bar; (am Strand) chiringuito
schon ya
schön hermoso, bello, lindo
schrecklich horrible
schreiben escribir
Schreibwaren las artículos de escritorio > 67
schreien gritar
Schrift (Hand~) escritura
schriftlich por escrito
schüchtern tímido
Schuh zapato > 65 f.
Schuld culpa; (Geld) deuda
schulden deber
Schuss tiro
Schutz la protección
schwach débil
Schwager cuñado
Schwägerin cuñada
schwanger embarazada
schwarz negro
Schweigen silencio
Schweiz Suiza
Schweizer/in suizo/suiza
schwer pesado; (Krankheit) grave; (schwierig) difícil
Schwester hermana; (Kranken~) enfermera; (Ordens~) monja, hermana
schwierig difícil
Schwimmbad piscina (Am pileta)
Schwimmen la natación > 84 ff.
schwindlig mareado
schwitzen sudar
See (Meer) el mar; **der ~** lago
Seeigel erizo de mar
sehen ver
Sehenswürdigkeiten los monumentos > 79 ff.
sehr muy; (beim Verb) mucho
sein (poss prn m) su
seit (Zeitpunkt) desde, a partir de; (Zeitraum) desde hace
Seite lado; (Buch) página
Sekunde segundo
Selbstbedienungsladen autoservicio
selten (adj) raro; (adv) rara vez, raramente

senden enviar, mandar
Sendung (Radio, Fernsehen) la emisión
servieren servir
setzen, s. ~ sentarse
Sex sexo
sicher adj seguro, cierto; adv ciertamente
Sicherheit la seguridad; (Garantie) garantía
Sicherung el fusible
Sicht vista
sichtbar visible
sie (sing) ella; (pl) ellos, ellas
singen cantar
sitzen estar sentado
Skorpion el escorpión
Smalltalk charla informal > 14 f.
so así
sofort inmediatamente
sogar hasta
Sohn hijo
sollen deber
Sonne el sol
Sonnenbrille las gafas de sol
sonnig solead
sorgen, ~ für cuidar de, tener cuidado de; **s. ~ um** preocuparse por
Sorte la clase; (Zigaretten) marca
Souvenirs recuerdos > 66
Spanien España
Spanier/in el español/la española
spanisch español
Spaß (Scherz) broma, el chiste; (Vergnügen) la diversión
spät tarde
später adj posterior, ulterior; adv más tarde
spazieren gehen pasear
Speisekarte el menú > 38, 46 ff.
spielen jugar
Spielzeug el juguete
Sport el deporte > 84 ff.
Sportplatz campo de deportes
Sprache el idioma, lengua
sprechen hablar
Staat estado
Staatsangehörigkeit la nacionalidad
Stadt la ciudad
Stadtplan plano de la ciudad > 67, 78
Stadtrundfahrt visita de la ciudad, la excursión > 78
stammen proceder, venir (de)
statt en vez de, en lugar de
stattfinden tener lugar
stechen pinchar, picar
stehen estar, estar de pie
stehen bleiben detenerse, pararse
stehlen robar
steigen subir
steil escarpado
Stein piedra
Stelle (Ort) el lugar; (Arbeit) empleo
stellen poner, colocar
Stellung la posición; (Anstellung) empleo
sterben morir
Stern estrella
Stier toro
Stil estilo
still quieto, tranquilo
Stimme la voz
Stockwerk piso
Stoff tela
stören molestar, estorbar
stornieren anular > 31
Störung molestia, estorbo; (Unterbrechung) la interrupción
stoßen empujar, dar un golpe a
Strafe castigo; (Geld~) multa
Strand playa > 84 ff.
Straße la calle; (Land~) carretera
Straßenkarte el mapa de carreteras > 28
Strauß (Blumen~) ramo
Strecke trayecto, trecho; (Bahn~) línea
Strom (Fluss) río; (elektr. ~) la corriente
Stück pieza, trozo
studieren estudiar
Stuhl silla
Stunde hora
suchen buscar
Südamerika Sudamérica
Südamerikaner/in sudamericano/-a
Süden el sur
Summe suma; el importe
Supermarkt supermercado > 56

T

Tabak tabaco
Tag el día
Tankstelle gasolinera, la estación de servicio > 23, 28
Tante tía
tanzen bailar > 82
Tätigkeit la actividad
tauschen cambiar
täuschen, s. ~ equivocarse
Taxi el taxi

Teil la parte
teilnehmen (an) tomar parte en
Telefon teléfono > 118 f.
telefonieren telefonear > 118 f.
Temperatur temperatura > 19
Termin fecha; (Frist) plazo
teuer caro
Theater teatro > 82 f.
tief profundo, hondo; (niedrig) bajo
Tier el animal
Tisch mesa
Tochter hija
Tod la muerte
Toilette el baño, el servicio > 37, 70, 72, 119
Ton sonido, tono; (Betonung) acento; (Farbe) tono
Topf (Koch~) olla, cazuela, puchero
Töpferei alfarería
tot muerto
tragen llevar; (Kleidung) llevar (puesto); (ertragen) soportar
träumen soñar
traurig triste
treffen encontrar
Treppe escalera
treu fiel
trinken beber, tomar
Trinkgeld propina > 38, 40
Trinkwasser (el) agua potable
tschüss adiós, hasta luego
tun hacer
Tunnel el túnel
Tür puerta
typisch típico

U

U-Bahn metro (Am subterráneo) > 34
Übelkeit (las) náuseas > 106, 111
über sobre
überall por/en todas partes
überfallen asaltar, atracar
überholen adelantar, pasar
übernachten pernoctar > 6 ff., 68 ff.
überqueren atravesar
überrascht sorprendido
Übersee (el) ultramar
übersetzen traducir
überweisen transferir
Ufer orilla
Uhr (Armband~) el reloj de pulsera; (Wand~) el reloj de pared
Uhrzeit hora > 16.
um (herum) alrededor de, en torno a; (gegen) hacia; (Zeitangabe) a
umarmen abrazar
umbuchen cambiar el vuelo > 29, 31
Umleitung la desviación
umsonst (gratis) gratis, gratuito; (vergeblich) en balde
umsteigen cambiar de
umtauschen cambiar > 111 f.
Umwelt el (medio) ambiente
umziehen mudarse de casa; **s. ~** mudarse de ropa, cambiarse de ropa
unbedingt (adv) sin falta, absolutamente
unbekannt desconocido
und y
und so weiter etcétera
Unfall el accidente > 24 f.
unfreundlich antipático
ungefähr aproximado
ungern de mala gana
ungesund malsano
ungewiss incierto
Unglück desgracia, el accidente
unglücklich desgraciado
ungültig inválido
unhöflich descortés, mal educado
Unkosten los gastos
unmöglich imposible
unruhig intranquilo, inquieto
uns nos, a nosotros
unschuldig inocente
unser, e nuestro, nuestra
unter bajo, debajo de; (zwischen) entre
unterbrechen interrumpir
Unterführung paso subterráneo
Unterhaltung (Vergnügen) divertimiento, la diversión > 82 ff.
Unterkunft alojamiento
Unterschied diferencia
Unterschrift firma > 112
Untersuchung el examen
unterwegs en (el) camino, en el viaje, de viaje > 20 ff.
unverschämt sinvergüenza, descarado
unwohl indispuesto
Urlaub las vacaciones, permiso
Ursache causa
urteilen juzgar
Uruguayer, uruguayisch uruguayo
Urwald selva virgen

V

Vater el padre
Venezolaner, venezolanisch venezolano
Verabredung cita > 15 f.
verabschieden, s. ~ despedirse
verändern cambiar
Veranstaltung la manifestación; (Aufführung) espectáculo > 82 ff.
Veranstaltungskalender calendario de actos > 82
verbieten prohibir
verbinden unir; (tele) poner en comunicación; (med) vendar
Verbindung la relación, contacto; (tele) la comunicación
verboten! ¡prohibido!
verdienen ganar; (wert sein) merecer
verdorben estropeado; (faul) podrido; (sittlich) corrompido
vereinbaren convenir, acordar
Verfassung la constitución; (Zustand) estado
Vergangenheit pasado
vergessen olvidar
Vergewaltigung la violación > 116
Vergiftung el envenenamiento, la intoxicación > 111
Vergnügen el placer, la diversión
verheiratet (mit) casado (con)
Verhütungsmittel anticonceptivo
verirren, s. ~ extraviarse
Verkauf venta
Verkehr tráfico
Verkehrsbüro oficina de turismo
verlängern alargar; (zeitlich) prolongar
verlieren perder > 116
verloben, s. ~ mit prometerse con
Verlobte, der/die el prometido/la prometida
Verlust pérdida
vermieten alquilar > 29, 74
versäumen (verpassen) perder
verschieben (zeitlich) retardar
verschieden diferente, distinto
verschreiben recetar, prescribir > 106
Versehen, aus ~ por equivocación
Versicherung seguro
verspäten, s. ~ retrasarse, llegar tarde
Versprechen promesa
verständigen, jdn ~ informar a alg
Verständigungsschwierigkeiten las dificultades de comprensión
verstehen entender
versuchen intentar, probar; (Speisen) probar
Vertrag contrato
verunglücken sufrir un accidente
verwandt pariente, emparentado
verwechseln confundir
Verzeichnis lista, catálogo
verzeihen perdonar, excusar
verzollen declarar
viel mucho
vielleicht quizá(s), tal vez
Visum visado (Am visa) > 22
Volk pueblo
voll lleno; (ganz) completo, total; (voll besetzt) completo
Vollpension la pensión completa > 70, 72
von de; (Passiv) por
vor (räumlich) delante de; (zeitlich) antes de
vor allem sobre todo
voraus, im ~ de antemano
vorbei (por) delante de
vorher antes
vormittags por la mañana
Vorname el nombre (de pila) > 22
Vorort, Vorstadt las afueras
Vorsaison temporada baja > 72
Vorschrift la prescripción
Vorsicht la precaución; ~! ¡cuidado!, ¡atención!
Vorstellung la presentación; (Theater) la función, la representación > 80; (Begriff) idea
Vorverkauf venta anticipada > 83
Vorwahlnummer prefijo > 118
vorziehen preferir

W

wach despierto
wählen escoger, elegir; (tele) marcar > 119; (Politik) elegir
wahr verdadero
während (prp) durante; (conj) mientras (que)
wahrscheinlich (adj) probable; (adv) probablemente
Währung moneda > 112
Wald el bosque > 81
Wann?/Seit wann? ¿A qué hora?/¿Desde cuándo?
Wanderkarte el mapa de excursiones > 67
wandern hacer excursiones a pie > 88
warm caliente
warnen (vor) prevenir (contra)
warten esperar
Wartesaal, Wartezimmer sala de espera > 111

Warum? ¿Por qué?
was qué
Was? ¿Qué?
waschen lavar
Wasser (el) agua
wechseln (Geld) cambiar
wecken despertar
Weg camino; (Pfad) sendero, senda; (Straße) carretera, la calle
weg fuera, ausente
wegen por, a causa de
weggehen irse, marcharse
Wegweiser el indicador de camino
wehtun doler
weiblich femenino
weich blando; (Ton, Farbe) suave
weigern, s. ~ negarse
weil porque
weinen llorar
weiß blanco
weit (Gegenteil von eng) ancho; (Weg) largo; (entfernt) lejano
Welche(r/s)? ¿Cuál?
Welt mundo
Wem? ¿A quién?
Wen? ¿A quién?
wenig poco; **ein ~ von ...** un poco de…
weniger menos
wenigstens por lo menos
wenn (Bedingung) si; (zeitlich) cuando
Wer? ¿Quién?
werden (Passiv) ser; (plötzlich ~) ponerse; (etwas ~) hacerse, llegar a ser
Werkstatt el taller > 24, 28
werktags los días laborables
Wert el valor
Wessen? ¿De quién?
Westen el oeste
Wetter tiempo > 19
wichtig importante
wie (Frage) cómo; (Vergleich) como, igual que
Wie lange? ¿Cuánto tiempo?
Wie viel?/Wie viele? ¿Cuánto?/¿Cuántos?
wieder otra vez, de nuevo
wiederholen repetir
wiederkommen volver
wiedersehen volver a ver
wiegen pesar
willkommen bienvenido
wir nosotros
Wirt dueño, el patrón
Wo? ¿Dónde?
Woche semana > 17
Woher? ¿De dónde?
Wohin? ¿Adónde?
wohnen vivir, habitar
Wohnort, Wohnsitz domicilio, residencia > 22
Wohnung vivienda, piso, (Am) departamento
wollen (wünschen) desear, querer
Wort palabra
wünschen desear
Wurst embutido > 44, 46
wütend rabioso, furioso

Z

Zahl número
zahlen pagar
Zahlung pago
Zahnarzt el dentista > 106
zeigen enseñar, mostrar; (hinweisen) indicar, señalar
Zeit tiempo > 16 f.
Zeitangaben indicaciones de tiempo > 16 f.
Zeitschrift revista > 67
Zeitung periódico > 67
Zentrum centro
zerbrechlich frágil
zerstören destruir
Zeuge testigo
ziehen tirar
Ziel meta; (Reise~) meta de(l) viaje
Zigarette cigarrillo
Zimmer la habitación (Am pieza) > 6 ff., 68 ff.
Zoll aduana > 22
zornig furioso, rabioso
zu (Richtung) a; (geschlossen) cerrado; (mit adj) demasiado
zufrieden satisfecho, contento
Zug el tren > 31 f.
zumachen cerrar
zurück (hacia) atrás
zusammen junto(s), junta(s)
zusätzlich suplementario, adicional
zuschauen estar mirando
Zuschlag suplemento > 32
zuschließen cerrar con llave
zuständig responsable, competente
zu viel demasiado
zweifeln an etw dudar de algo
zwischen entre

> BLOSS NICHT!

So vermeiden Sie Fettnäpfchen

Insider Tipps

Dumme Pute *

Bei der Hitze ist ein leichtes Putensandwich doch genau das Richtige. Also her mit der *puta*. Sie wundern sich über das amüsierte Grinsen des Verkäufers? Tja, Sie haben soeben nach einer Prostituierten verlangt. Mit *bocadillo de pavo* klappt's dann beim nächsten Versuch!

*

Mantel oder Decke?

Das Abendessen ist vorbei, Sie möchten gehen und bitten den Kellner um *el mantel*. Der Mann vom Service wird Sie freundlich anlächeln und Ihnen (trotzdem) Ihren Mantel reichen ... Er weiß eben, was Touristen wünschen, wenn sie ihn um die „Tischdecke" bitten.

Einer für alle

Getrennte Rechnungen? Die gibt's in spanischen Restaurants nicht. Deshalb tun Sie's einfach, zahlen Sie die komplette Zeche. Wer nun welche Vorspeise hatte und wer noch beim Nachtisch zugeschlagen hat, können Sie auf der Strandliege immer noch ausbaldowern. Oder wählen Sie die lässigste Variante – und lassen Sie sich einfach das nächste Mal einladen.

Mehr als nur Cola

Wer *una coca cola* bestellt, der weiß, was er kriegt: einen coolen Zuckerschock. Ganz anders, wer die verkürzte Version wählt. Die ist nämlich absolut uncool und peinliche Blicke gibt's gratis dazu: *cola* heißt in Spanien „Schwanz" – in all seiner vulgären Bedeutung.

Freundlich bleiben

Wenn Sie dem Kellner in einem rappelvollen Café klarmachen wollen, dass Sie noch einen Kaffee möchten, sollten Sie nicht pfeiffen oder „¡Hola, hola!" schreien. Um auf sich aufmerksam zu machen, sollten Sie lieber „¡Perdona!" oder „¡Disculpa!" rufen und ein diskretes Zeichen mit der Hand machen.

Kartenspiele

Warum zuckt der Mann am Kiosk mit den Schultern, als Sie eine *carta* kaufen wollen? Tja, weil er nun mal keine Speisekarten auf Lager hat. Eine Postkarte heißt stattdessen *postal*. Und weil wir gerade dabei sind: Die Visitenkarte heißt *tarjeta*, eine Landkarte *mapa*.